MERIAN

Reiseführer

Kanalinseln

Trudie Hairon-Trox

ZEICHENERKLÄRUNG

★ MERIAN TOP 10
⚑ MERIAN Empfehlungen
👁 Im Vorbeigehen
   entdeckt

PREISKLASSEN

Preise für ein Doppel-
zimmer mit Frühstück:
€€€€ ab 180 £
€€€ ab 150 £
€€ ab 100 £
€ bis 100 £

Preise für ein drei-
gängiges Menü:
€€€€ ab 55 £
€€€ ab 40 £
€€ ab 28 £
€ bis 28 £

HELLO CHANNEL ISLANDS!

DIE THEMEN DER INSELN

AUSFLÜGE UND WANDERUNGEN

MEINE KANALINSELN

*Die Channel Islands kannte ich nur schemenhaft aus
Urlaubserzählungen englischer Freunde, bis sie bei einer
Normandie-Bretagne-Reise am Horizont auftauchten.
Ich wurde neugierig. Eine Stunde Überfahrt mit der Fähre
von Saint-Malo nach Jersey, kurz und unkompliziert ...*

»Kleine Insel«, dachte ich. Eine Halbtagestour mit dem Bus.
Als Kind hatten es mir Amrum und die Nordsee angetan. Später waren es die Kykladen. »The rock« aber hielt eine riesen-
große Überraschung für mich bereit – mit solch überwältigen-
der Vielfalt hatte ich nicht gerechnet. In St. Helier zogen ein
pittoresker Jachthafen und das kuriose Monster der Ariadne
Steam Clock am Busfenster vorüber, an der Südostküste Tausende Hektar Felsenwatt und das imposante Mont Orgueil
Castle. Ein eiliger Blick auf den fotogen rot-weiß gestreiften
Archirondel Tower – die Eindrücke wechselten minütlich.

Im Norden gewann der Bilderbogen an Dramatik: zerfurch-
te Steilküsten, rosafarbene Grasnelken und Kormorane bei
Bouley Bay. Am Strand von Grève de Lecq blieb Zeit, die Füße
in den Atlantik zu tauchen. Huch, Golfstromwasser hatte ich
mir wärmer als 14 Grad im Juni vorgestellt. Die Kanalinseln
seien die sonnigste Region der Britischen Inseln, versuchte die
Reiseleiterin unserer Busgesellschaft glauben zu machen. »Möglich«, dachte ich, als sich die Saint Ouen's Bay im gleißenden
Licht vor uns ausbreitete. Das Meer weit entfernt von den klotzigen Panzersperrmauern und Bunkern der deutschen Besat-
zungsarmee im Zweiten Weltkrieg. Eine Stunde zuvor war es in
Grève noch greifbar nahe. Mein Wissen über die Gezeiten musste ich aus dem Gedächtnis hervorkramen, wobei einige Fragen
zum Sonderfall Kanalinseln offenblieben. Und weit mehr noch
im Hinblick auf die Geschichte der Besatzungszeit.

Meine Empfehlung viele Jahre später: Nehmen Sie sich Zeit.
Genießen Sie mit Muße die Natur und das heitere Treiben in
den schmucken Innenstädten von St. Peter Port und St. Helier.

Hohe Tidenunterschiede kennzeichnen die Kanalinseln. Viele Buchten, hier Guernseys Rocquaine Bay, fallen bei Ebbe trocken. Fischer müssen also gut planen.

Lassen Sie sich von der gelassenen Freundlichkeit der Menschen anstecken – und nicht von Regenschauern entmutigen, sie ziehen rasch vorüber. Gemächlich kurvt man über die *country lanes* zwischen Granitmauern und meterhohen Hecken – pure Idylle am Wegrain die Pracht der Osterglocken oder Hortensien.

Das felsige Sark wirft einen auf Fortbewegungsmittel wie die eigenen Füße, Fahrräder und Pferdekutschen zurück. Alderney ist spannend zu Fuß oder mit dem Drahtesel zu entdecken. Und wer auf den größeren Inseln lieber auf das Auto verzichtet, liegt mit den Bussen immer richtig. Diese Inselchen sind winzige Punkte auf der touristischen Landkarte, dabei magisch bunte Kaleidoskope der Natur und Kultur – wahre kleine Exoten.

Ursprünglich in Bayern zu Hause, hat die Autorin und freie Redakteurin im Bereich Reise **Trudie Hairon-Trox** seit 2009 einen Schreibtisch auf der Kanalinsel Jersey mit Blick aufs Meer. Die Britischen Inseln gehören zu ihren Schwerpunkten. Wenn nicht gerade mit Texten beschäftigt, führt sie spannende Wanderungen im Felsenwatt und auf den Klippenpfaden ihrer Wahlheimat, wo sie gerne Wildpflanzen für die Küche sammelt.

Mit zeitweilig extremer Geschwindigkeit füllt die auflaufende Flut die Gezeitentümpel um La Corbière Lighthouse an der Südwestecke von Jersey.

St. Anne

ALDERNEY

Das nördlichste Eiland fasziniert mit seiner einzigartigen Basstölpelkolonie – 6000 Paare auf engstem Raum – sowie imposanten Forts hinter einladenden Sandbuchten, an die sanfte Wellen eines türkisblauen Meers spülen. → S. 184

Cherbourg

SARK

Eine nur 5,5 km² große Insel ohne Autos, dafür mit Fahrrädern und Pferdekutschen. Hier ist man auch gern zu Fuß unterwegs zur Seigneurie mit ihrem Bilderbuchgarten oder auf einem der herrlichen Klippenwege. → S. 162

JERSEY

Die vom Meer geprägten Küsten mit lieblichen Sandbuchten und wilden Steilfelsen und eine vor 250 000 Jahren beginnende Kulturentwicklung bieten Stoff für erlebnisreiche Tage mit Wanderungen, in Burgen oder Museen – nicht zu vergessen der kulinarische Genuss. → S. 62

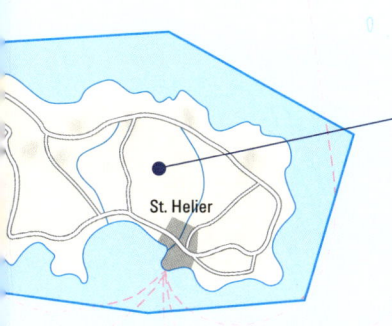

St. Helier

KARTEN UND PLÄNE

DER ERSTE BLICK AUF
DIE KANALINSELN

★ MERIAN TOP 10

Das sind sie – die Sehenswürdigkeiten, für die die Kanalinseln weit über ihre Grenzen hinaus bekannt sind.

1 La Corbière Lighthouse, Jersey
Land's End in Jersey – auf einem Granitinselchen warnt seit 1873 ein strahlend weißer Leuchtturm als Schlussakzent im Süden der St. Ouen's Bay vor den tückischen Felsen. Die Rufe der Austernfischer und Silbermöwen begleiten die Szenerie. → S. 99

2 Mont Orgueil Castle (Gorey Castle), Jersey
Mittelalter perfekt: eine trutzig raue Wehrburg aus dem frühen 13. Jahrhundert, hoch über dem idyllischen Hafen von Gorey, wo Dutzende bunter Boote auf den Wellen schaukeln. → S. 111

3 Jersey Zoo, Jersey
Man könnte den von Gerald Durrell gegründeten Tierpark eine moderne Arche Noah nennen. Bedrohte Tierarten, angefangen von winzigen Pfeilgiftfröschen bis zu Silberrückengorillas, leben hier in großzügigen Gehegen. → S. 119

4 Jersey War Tunnels, Jersey
Eine multimediale Dokumentation, die das Leben in Jersey in den fünf Jahren der deutschen Besatzung während des Zweiten Weltkriegs bildhaft auferstehen lässt. → S. 127

5 Hauteville House, Guernsey
Victor Hugos Wohnhaus in St. Peter Port spiegelt die ausgeprägte Sammelleidenschaft des Literaten wider. Mit Blick aufs Meer vollendete er hier »Les Travailleurs de la Mer«. → S. 140

6 Little Chapel, Guernsey
Dank ihres heiteren Muschel- und Porzellandekors ist die winzige Kapelle eine wahre Kuriosität. Der französische Mönch Déodat hat sich seine eigene Lourdes-Grotte geschaffen. → S. 152

Bis Anfang des 20. Jahrhunderts krochen Kinder aus Little Sark bei stürmischem Wetter auf allen vieren über den damals noch unbefestigten Felsgrat La Coupée.

7 La Coupée, Sark

In schwindelnder Höhe windet sich ein schmaler Fahrweg über Sarks Wespentaille zwischen Big und Little Sark – in der Tiefe wilde Wellen oder sanfte Sandflächen. Romantiker mieten sich eine Pferdekutsche für die Fahrt. → S. 170

8 Shell Beach, Herm

Abermillionen winziger Muscheln, noch intakt oder im Wellenwirbel zu pudrig weißem Sand zermahlen, dazu Meeresleuchten in Türkis – ein Paradies für Füße und Gemüt. → S. 182

9 Les Etacs, Alderney

Basstölpel sind mit einer Flügelspannweite von bis zu 180 cm sowie mit ihrer Zeichnung und ihrem Flug- und Tauchvermögen etwas ganz Besonderes. Wie 6000 Paare auf einem Felsstock vor Alderneys Küste brüten, lässt nur staunen. → S. 189

10 Klippenweg im Südosten von Guernsey

Schroffe Steilufer und idyllische Treppenwege hinab zum Meer, einsame Buchten und Wildblumen. Der Weg fordert die Beine, dafür gewinnt der Geist Freiraum. → S. 198

⚑ MERIAN EMPFEHLUNGEN

Ungewöhnliche Perspektiven, charmante Orte und feine Details versprechen besondere Augenblicke.

1 Beauport, Jersey
Schwimmen im türkisblauen Wasser – und jede Menge Platz und Ruhe. Picknick nicht vergessen! → S. 96

2 Seafood bei Faulkner Fisheries, Jersey
Austern natur und im Sommer mittags Hummer und Krebse vom Grill – mit dem Panorama der St. Ouen's Bay. → S. 105

3 Wattwanderung zum Seymour Tower, Jersey
Meeresbiologie, Gezeiten, Geschichte und viel frische Luft – ein maritimes Potpourri, unterhaltsam präsentiert. → S. 107

4 La Hougue Bie, Jersey
6000 Jahre Geschichte: ein Kultplatz der Steinzeit, der größte keltische Münzfund, Spuren der deutschen Besatzung. → S. 112

5 St. Catherine's Café, Jersey
Vor allem draußen schmeckt sie himmlisch, die gespritzte Eiscreme von Jersey Dairy in der Tüte. → S. 126

6 The Hungry Man, Jersey
Ein Imbiss an der lustigen Bude in Rozel Harbour. → S. 126

7 Judith Quérée's Garden, Jersey
Die Besitzerin selbst führt durch die großartige Blumenwelt ihres zauberhaften Cottage-Gartens. → S. 132

8 St. Peter Port, Guernsey
Hafenflair, attraktive Gebäude, individuelle Lokale. → S. 135

Entspannung pur – eine Pause im idyllischen Hafen von Rozel an der Imbissbude The Hungry Man bei einem herzhaften Sandwich oder leckeren Kuchen.

9 **Octopus, Guernsey**
Kulinarischer Hochgenuss am Meer in St. Peter Port. → S. 145

10 **Moulin Huet Bay, Guernsey**
Auf den Spuren von Victor Hugo und Renoir die Klippen zum Meer hinuntersteigen. Zur Belohnung Cream Tea. → S. 150

11 **The Rockmount, Guernsey**
Lässiges Pub-Ambiente für den Sonnenuntergang am Atlantik mit köstlichen Inselspezialitäten. → S. 159

12 **Strandbummel an der L'Ancresse Bay, Guernsey**
Entspannung pur: meerwärts helle Sandflächen, landwärts Golfgrüns und Wehrtürme in der Ginsterheide. → S. 160

13 **Blütenzauber in der Seigneurie, Sark**
Romantische Architektur als Bühne für eine perfekte Choreografie der Pflanzen in allen Farben des Regenbogens. → S. 172

14 **Touren von Alderney Wildlife Trust**
Natur hautnah erleben: Papageitaucher auf Burhou Island, Seeanemonen in Longis Bay, blonde Igel am Abend. → S. 189

KANALINSELN KOMPAKT

Amtssprache: Englisch
Einwohner: ca. 175 000, davon auf Jersey 105 000, Guernsey 65 000, Alderney 2400
Fläche: ca. 200 km², davon Jersey 120 km², Guernsey 64 km², Alderney 8 km², Sark 5,5 km², Herm 2 km²
Größte Stadt: St. Helier, Jersey (30 000 Einwohner)
Anzahl der Inseln: 14 (davon acht bewohnt)
Religion: mehrheitlich anglikanisch
Währung: Britisches Pfund (£) mit eigenen Geldscheinen und Münzen in den Bailiwicks Jersey und Guernsey

Frankreich am Horizont

Geografisch gehören die Kanalinseln zu Frankreich. Jersey trennen nur 23 Kilometer von der Normandie, Alderney 14 Kilometer. An klaren Tagen ist die Küste der Halbinsel Cotentin deutlich zu erkennen. Erst mit dem nacheiszeitlichen Anstieg des Meeresspiegels wurden Guernsey etwa 9000 v. Chr. und Jersey etwa 6500 v. Chr. zu Inseln.

Kamelienblüte zu Weihnachten

Das milde, vom Golfstrom beeinflusste maritime Klima begünstigt eine wintergrüne Vegetation. Kamelien beginnen im November zu blühen, zu Jahresbeginn stehen zahlreiche Sorten in voller Blüte. Schnee und Frost sind selten, ebenso Hitzetage mit Temperaturen über 25 °C. Dafür vergeht kaum ein Tag ohne eine leichte Brise. Salz, das der Wind vom Meer her landeinwärts weht, ist der Feind der Gärtner, die erfolgreich Palmen und andere subtropische Gewächse wie Afrikanische Schmucklilien (Agapanthus) kultivieren. Die mittleren Temperaturen der Kanalinseln liegen sogar um 1,5 °C über denen der Scilly Inseln vor Cornwall, die als der mediterrane Blütengarten der Britischen Inseln gelten.

»Not quite British«

Die Einheimischen praktizieren augenzwinkernd eine gehörige Portion Patriotismus,

Wie hier nahe der Rocquaine Bay in Guernsey prägen behäbige Höfe aus Granit- und Gneis das Bild der Inseln. Oft liegen sie verborgen hinter hohen Mauern.

nicht nur wenn das Gespräch auf Dressur-Olympiasieger Carl Hester aus Sark oder den »Superman« Henry Cavill aus Jersey kommt. Stolz betonen sie die politische Sonderstellung des Archipels und jeder einzelnen Insel. Sie sind als Crown Dependencies direkt der englischen Krone unterstellt, aber selbst nicht Teil des Vereinigten Königreichs. Als Herzogin der Normandie ist Elizabeth II. ihr Staatsoberhaupt, vertreten durch den Bailiff. Die Inseln gliedern sich in das Bailiwick (Vogtei) of Jersey, Hauptstadt St. Helier, und das Bailiwick of Guernsey, Hauptstadt St. Peter Port, zu dem auch Alderney, Herm und Sark gehören. Alderney und Sark haben eigene Parla-

mente. Herm wurde an eine Stiftung verpachtet. Die Bailiwicks entscheiden unabhängig über Staatshaushalt und Steuerrecht, Währung und Postwesen. Vor dem EU-Beitritt Großbritanniens hatten sie sich gegen einen Anschluss entschieden, übernahmen jedoch für den Arbeitsmarkt die EU-Regelung der Freizügigkeit. Die nach dem Brexit erforderlichen Neuregelungen stehen am Anfang. Noch in den Kinderschuhen steckt »Reform Jersey«, die erste Partei (gegr. 2012) der Inseln.

Séyiz les beinv'nus! – Herzlich willkommen!
Die Bewohner der Kanalinseln sprechen zwar Englisch, fühlen sich jedoch nicht als

Briten. Die politische Stellung ist ein Grund dafür, die Kultur ein zweiter. Noch bis gegen Ende des 19. Jahrhunderts parlierte fast jedermann Französisch und Norman French mit inseleigenen Varianten. Dieses Patois geht auf den mittelalterlichen normannischen Dialekt zurück; noch im Zweiten Weltkrieg konnten sich 50 Prozent der Einheimischen so unterhalten.

Viele Straßenschilder sind nach wie vor französisch, aber Englisch ist Amtssprache. Der Hintergrund: Zu Beginn des 19. Jahrhunderts zogen pensionierte englische Militärs auf die damals billigen Kanalinseln. 1870 wurde Englisch offiziell Schulsprache in Jersey. Und mit der Evakuierung vieler Kinder im Zweiten Weltkrieg erlebten die frankophonen Sprachen einen massiven Einbruch. Patois verstehen und sprechen nur noch wenige. Kulturvereine bemühen sich um die Erneuerung durch Kurse und Programme im Rundfunk. Zur Verwirrung zahlreicher Besucher werden Ortsnamen normannisch-französischen Ursprungs englisch ausgesprochen. Nehmen Sie es mit Humor! Die Insulaner wissen um diese Skurrilität und buchstabieren gelassen.

Klima (Mittelwerte)

	Januar	Februar	März	April	Mai	Juni	Juli	August	September	Oktober	November	Dezember
Tages-temperatur	7	6	8	10	13	16	18	18	17	13	10	8
Nacht-temperatur	5	4	6	7	10	13	15	15	14	11	8	6
Sonnen-stunden	2	3	5	7	8	9	8	8	6	4	3	2
Regentage pro Monat	19	15	13	12	11	10	11	12	15	15	17	19
Wasser-temperatur	10	9	9	9	11	13	15	16	16	15	13	11

Parishes und Constables

In den beiden Hauptstädten der Bailiwicks, St. Helier und St. Peter Port, lebt jeweils ein Drittel der Bevölkerung. Zusehends verdichtet sich das Häusermeer an ihren Rändern. Auf dem Land sucht man vergeblich nach bäuerlichen Dörfern. In den Zentren der *parishes* scharen sich um die heute anglikanische Pfarrkirche die gemeindliche Grundschule und das Amt des Bürgermeisters, nicht zu vergessen das Pub sowie einige Geschäfte. Das heißt, *parish* bezeichnet heute die Kirchengemeinde ebenso wie die Kommune (in Jersey zwölf, in Guernsey zehn). Die Höfe lagen traditionell inmitten ihrer Felder und Weiden.

Dass amtliche Hinweise in Jersey auch in Portugiesisch und Polnisch abgefasst sind, ist darauf zurückzuführen, dass Portugiesen sieben Prozent und Polen drei Prozent der Bevölkerung ausmachen.

Wirtschaft

Die Finanzwirtschaft ist wegen der vorteilhaften Steuergesetzgebung der Hauptwirtschaftszweig der Inseln (max. 20 Prozent Einkommensteuer, nur in Jersey fünf Prozent Goods and Service Tax, GST, vergleichbar der Mehrwertsteuer). Ihr Beitrag zum Bruttosozialprodukt liegt bei ungefähr 40 Prozent.

Auch in der Beschäftigungsstruktur zeigt sich eine Dominanz des Bank- und Versicherungswesens (ca. 25 Prozent), gefolgt vom Dienstleistungsgewerbe. Obwohl Milchwirtschaft und Gemüseanbau maßgeblich zur Basisversorgung beitragen, liegt ihr Anteil am Bruttosozialprodukt (zusammen mit der Blumenzucht) im einstelligen Bereich.

Nebenbei bemerkt

Alle Ehre der Kuh: Das Wasserzeichen auf den Banknoten des Bailiwick of Jersey stellt eine Jersey Cow dar – und nicht Königin Elizabeth II. wie auf den Geldscheinen des Bailiwick of Guernsey oder jenen von Großbritannien. Der kleine Unterschied: DNA-Untersuchungen brachten an den Tag, dass Guernseyaner und Jerseyaner nicht über einen Wikinger-Kamm zu scheren sind. So haben Erstere in ihren Genen mehr Übereinstimmung mit den Dänen, Letztere mit den Norwegern.

GESCHICHTE

In Sichtweite der normannischen Küste, aber seit der Schlacht von Hastings im Jahr 1066 Teil des englischen Königreichs, standen die Kanalinseln über Jahrhunderte im Spannungsfeld der beiden Rivalen Frankreich und England.

Zeitreise in die Altsteinzeit (vor 250 000 Jahren)
Erste systematische Grabungen förderten Anfang des 20. Jahrhunderts am Ostende der St. Brelade's Bay nicht nur Faustkeile und Knochen von gejagten Wollmammuts zutage. Bedeutendste Entdeckung in La Cotte (Jerriais »Höhle«) sind einige Zähne von zwei männlichen **Neandertalern**. Noch mit Kontinentaleuropa verbunden, ragten die Kanalinseln im eiszeitlichen Paläolithikum wie Inselberge empor. Im Grasland der Tundra jagten in kleinen Gruppen die Neandertaler.

Römische Invasion (ab 58 v. Chr.)
Roms Vordringen in Gallien löst eine Fluchtwelle in der Bretagne aus. In diesem Zusammenhang steht der Fund des bis dato größten keltischen **Münzschatzes** auf einem Feld in Grouville, Jersey, im Jahr 2012: 70 000 Münzen der Curiosoliten *(engl. Coriosolites)*. Westlich von St-Malo beheimatet, wollten sie vermutlich ihren Stammesschatz verstecken. Münzen und goldene Halsreifen datieren in die Zeit um 50 v. Chr. (ausgestellt in Hougue Bie). Die Römer nutzen den Tiefwasserhafen von **St. Peter Port**, wo in den 1980er-Jahren das Wrack eines römischen Handelsschiffes geborgen wurde, nur als Lagerplatz. Den einzigen Tempel bauen sie in Jersey zu Füßen des Pinnacle Rock an einem seit neolithischer Zeit bedeutenden Kultplatz.

Normannische Herrschaft (933)
Seit Ende des 8. Jahrhunderts suchen **Wikinger** raubend und plündernd England und die Küsten des Ärmelkanals heim. 100 Jahre später beginnen sie in Nordfrankreich zu siedeln, übernehmen das Christentum und die französische Sprache.

1775 kaufte Sir John de Haviland den als Druidentempel bekannten neolithischen Déhus Dolmen, um ihn vor der Zerstörung durch Steinhauer zu schützen.

Um sich vor weiteren Überfällen der mit schnellen Schiffen landeinwärts vordringenden Nor(d)mannen zu schützen, erkennt der Westfrankenkönig Karl III. (der Einfältige) den Wikingerführer **Hrólfr** (Rollo) 911 als Lehnsherr der Halbinsel Cotentin an. Sie wird Kernland des **Herzogtums Normandie**, dem 933 Rollos Sohn Wilhelm Langschwert die Kanalinseln angliedert. Klöster und sogenannte **Seigneurs** erhalten auf den Inseln Ländereien als Lehen *(fiefs)*. In Ortsnamen sind bis heute Spuren der Wikingersprache zu erkennen, so leiten sich *hougue* oder *hocq* von *holm(r)* für Insel (Anhöhe) ab.

Bündnis mit König John (1204)

Infolge ihrer klugen Heiratspolitik herrschen Englands Könige nicht nur als Herzöge der Normandie in Frankreich. Riesige Gebiete waren als Mitgift dem Thron zugefallen. 1204 jedoch erobert König Philippe II. von Frankreich die Normandie. Damals schwören die Seigneurs dem Lehnsherrn der Kanalinseln, **Johann Ohneland**, einen Treueeid. Und sie lassen sich ihre Loyalität nicht nur von ihm mit Privilegien für eine unabhängige Verwaltung vergüten. Damit wird der Grundstein für die Unabhängigkeit der Inseln gelegt. Zur Sicherung gegen den Rivalen Frankreich befiehlt König Johann den Bau von Mont Orgueil auf Jersey und Castle Cornet auf Guernsey.

Im Auftrag der States of Jersey schuf John S. Copley ein dramatisches Gemälde der
»Battle of Jersey« von 1781, im Zentrum der tödlich verwundete Major Peirson.

Englischer Bürgerkrieg (1642–1651)

Das Kräftemessen in London zwischen König **Charles I.** und
dem Parlament sowie die Spannungen zwischen Anglikanern,
Katholiken, Presbyterianern und Puritanern führen auf den
Kanalinseln zwar nicht zu bewaffneten Auseinandersetzungen,
dennoch ist die Bevölkerung gespalten. In Guernsey muss sich
der Gouverneur in Castle Cornet gegen die Cromwell-freund-
lichen Insulaner verbarrikadieren. Nur durch die Hintertür
kann die Burg von Jersey versorgt werden. Dort gewährt der
Gouverneur Kronprinz Charles auf Elizabeth Castle Exil. Als
Charles I. im Januar 1649 in London enthauptet wird, ruft
George Carteret bereits zwei Wochen später **Charles II.** in Jersey zum König aus. Erst 1661 in Westminster gekrönt, verleiht
er Jersey den »Royal Mace« zum Dank für die uneingeschränkte Loyalität. Das große vergoldete Zepter wird beispielsweise
vor dem Bailiff hergetragen, wenn er ins Parlament einzieht.

Battle of Jersey (1781)

Die Kanalinseln sind seit der Regierungszeit von Elizabeth I. die Heimat vieler Freibeuter – ihr »Lettre de Marque« gewährt den Schutz des Königs. Bedrohlich wird die Lage für Frankreich mit Beginn des Amerikanischen Unabhängigkeitskriegs, denn seine Schiffe zur Unterstützung der jungen Kolonien sind ständig in Gefahr. 1780 plant **Baron Philippe de Rullecourt** einen Angriff auf Jersey. Er landet am frühen Morgen des 6. Januar 1781 im Watt bei La Rocque. Da selbst die Wachsoldaten die *twelfth night*, das Ende der Weihnachtszeit, feiern, gelingt es De Rullecourt mit rund 800 Soldaten unbemerkt nach St. Helier zu marschieren und Vizegouverneur Corbet zur Kapitulation zu zwingen. **Major Francis Peirson**, mit 24 Jahren dienstältester Offizier, verweigert den Gehorsam. Er delegiert einen Teil seines rund 2000 Mann starken Heeres zum Mont de la Ville als Deckung von der Anhöhe und attackiert mit dem 78. Regiment die Franzosen auf dem Marktplatz (heute Royal Square) von St. Helier. Siegreich in einem 15-minütigen Gefecht, verliert das englische Regiment dennoch seinen Helden. Peirson erliegt ebenso wie De Rullecourt seinen Verletzungen. Zum Schutz gegen weitere Angriffe werden nach der Battle of Jersey an der Südküste mehr als zwei Dutzend Rundtürme sowie der Seymour Tower erbaut.

Deutsche Besetzung (1940–1945)

Am 19. Juni 1940 werden alle britischen Truppen von den Kanalinseln abgezogen. Als die deutsche Luftwaffe am 28. Juni die Häfen von La Rocque, St. Helier und St. Peter Port bombardiert, werden die Inseln kampflos den deutschen Truppen übergeben. Hitler sieht in ihnen den idealen Stützpunkt für seinen Angriff auf Großbritannien. Nach der **Invasion der Alliierten** in der Normandie am 6. Juni 1944 hoffen die Kanalinseln auf ein baldiges Ende der Besatzungszeit. Dass die Deutschen von ihren Nachschubhäfen abgeschnitten sind, verschärft die Situation. Die Lieferungen des Rot-Kreuz-Schiffes »Vega«, das erstmals Ende Dezember 1944 anlegt, rettet Zehntausenden das Leben. Für die Inselbewohner endet der Krieg erst am 9. Mai 1945, als britische Schiffe in Jersey und Guernsey einlaufen.

Ein Leben für den Widerstand

»Claude Cahun – 1894–1954. French Surrealist photographer (born Lucy Schwob). Lived here from 1937 and created some of the most startingly original photographs of the twentieth century.« Die Gedenktafel am Haus La Rocquaise verschweigt, dass **Lucy Schwob** zusammen mit ihrer Stiefschwester und Lebensgefährtin, der Grafikerin **Suzanne Malherbe** (alias Marcel Moore), während des Zweiten Weltkriegs eine der ungewöhnlichsten Mini-Gruppen der Résistance in Jersey bildete. Und das vor den Augen der Deutschen, die einen Teil ihres Anwesens unmittelbar am Seiteneingang zum Friedhof der St. Brelade's Church requiriert hatten. Lucy Schwob stammte aus einer jüdischen Verlegerfamilie in Nantes. Nach ihrem Studium der Literatur und Philosophie in Paris wandte sie sich fotografisch dem Surrealismus zu. Der Gedanke der Freiheit des Individuums übertrug sich in Jersey von der künstlerischen Arbeit der beiden Frauen auf ihre politischen Aktionen.

Gesetzeswidrig behalten sie 1942 ihr Radio und schreiben – Malherbe hatte in ihrer Kindheit Deutsch gelernt – kleine illustrierte Nachrichten. Unterzeichnet: »Der Soldat ohne Namen«. Sie stecken die Botschaften, etwa 2400, heimlich Soldaten in die Jackentaschen oder heften sie an Autos. Schon länger verdächtig, erstaunen die bieder wirkenden Frauen die Geheime Feldpolizei bei ihrer Verhaftung am 25. Juli 1944. Ein versuchter Selbstmord der beiden im Gefängnis verzögert den Prozess. Im November 1944 zum Tode verurteilt, werden sie nicht mehr deportiert. Die Inseln sind isoliert. Das Gnadengesuch von Bailiff A. Coutanche, begründet mit dem Risiko eines Volksaufstands, ist erfolgreich. Die Frauen werden sogar in eine Zelle zusammengelegt. Als letzte aller Inhaftierten im **Gloucester-Street-Gefängnis** erhalten sie am 8. Mai 1945 die Freiheit.

Wegen der Verbreitung von BBC-Meldungen werden auch 18 Personen im »**St. Saviour's wireless case**« in Jersey angeklagt. Es wird ein Schauprozess unter anderem gegen Pfarrer

CANON CLIFFORD COHU

ARTHUR DIMMERY

GEORGE FOX

LOUISA GOULD, NÉE LE DRUILLENEC

EDWARD MUELS

JOHN SOYER

Das Lighthouse Memorial vor dem Maritime Museum in St. Helier gedenkt der 21 Personen aus Jersey, die als Opfer der Nazi-Verfolgung ihr Leben ließen.

Clifford Cohu, seinen Küster Joseph J. Tierney und John Whitley Nicolle, den man als vermeintliche Schlüsselfigur zu drei Jahren Gefängnis verurteilt. Drei Namen von 21 auf der Gedenktafel vor dem St. Heliers Maritime Museum (→ S. 67) – alle Opfer der nationalsozialistischen Verfolgung, gestorben in französischer oder deutscher Haft. Am Hafen von St. Peter Port ehrt ein kleines Denkmal seit 2015 die »**Guernsey 8**«, darunter Charles Machon und Joseph Gillingham, verurteilt als Mitglieder des Guernsey Underground News Service (GUNS), ferner **Marie Ozanne**, Mitglied der Heilsarmee, die trotz Verbots weiterhin in Uniform predigte. Politischer Protest sowie der Kampf ums Überleben sind die Motive der Angeklagten. Oder tiefstes Mitgefühl wie im Fall von **Louisa Gould**, der um einen ihrer Söhne trauernden Mutter, die den entflohenen jungen Zwangsarbeiter Feodor »Bill« Buryl aufnimmt. Verurteilt zu zwei Jahren Gefängnis wird sie deportiert und stirbt im Februar 1945 in den Gaskammern des Konzentrationslagers Ravensbrück.

Die Aufklärung vieler Schicksale ist dem unermüdlichen Einsatz des GUNS-Mitglieds **Frank Falla** zu verdanken, der seine Deportation überlebte. Während er Opfern der Nazi-Verfolgung sowie ihren Familien auf den Kanalinseln half, ihre Ansprüche in Deutschland geltend zu machen, legte er den Grundstock für ein einzigartiges Archiv (www.frankfallaarchive.org).

LANDSCHAFT UND ARCHITEKTUR

Es ist die Vielfalt der Landschaftsformen, die auf allen Inseln staunen lässt. Mit spannenden Fenstern in die Erdgeschichte, die Küsten geformt vom ständigen Kommen und Gehen des Meeres und eine Architektur, die Anpassung an die Natur und Konflikte oder Bündnisse mit den Nachbarn spiegelt.

Im Meer der Gezeiten

Der Atlantik ist auf den Inseln nie weit entfernt. Doch wo die Wellen die Füße umspülen, wechselt die Szenerie minütlich, gesteuert von den Kräftefeldern von Sonne und Mond im Rhythmus von rund 12,3 Stunden. An der Nordsee verzeichnet Husum rund vier Meter Tidenhub, etwa so viel wie Jersey zu Nipptiden. Der lakonische Kommentar der Insulaner dazu: »The tide doesn't do anything.« Sprich: Die Differenz zwischen Hoch- und Niedrigwasser ist nicht der Rede wert. Erst wenn die Flut auf elf oder zwölf Meter aufläuft, weht am Signalmast in St. Helier die *tide flag*. Dann gibt die Ebbe gigantische Flächen frei, und Jersey wächst um ganze 50 Prozent.

»Ces morceaux de France tombés à la mer et ramassés par l'Angleterre.«
»Ein Stück Frankreich, das ins Meer gefallen ist und von England aufgesammelt wurde.«
Victor Hugo

Bleibt die Frage nach dem »Warum?«. Nach der Bay of Fundy im Osten Kanadas mit 17 Metern, gefolgt von der Trichtermündung des Severn im Bristol Channel mit 15 Metern, verzeichnet die **Bucht von Mont St-Michel** die dritthöchsten Gezeiten der Welt mit bis zu 13,5 Metern. Die Küste der Normandie schiebt sich hier als gewaltiger Riegel in den Ärmelkanal und staut die von Westen anrollende Flutwelle. Für Jersey gelten 12,5 Meter als Maximum. Das unmittelbar am Kanal gelegene Alderney verzeichnet allenfalls 6,9 Meter Tidenhub, dafür aber gefährliche Gezeitenströme an seiner Ostküste.

Bei Flut dümpeln die Boote in La Rocque Harbour, Jersey, im Wasser. Seymour Tower, 1,5 km vor der Küste, ist jedoch bei Niedrigwasser zu Fuß zu erreichen.

Zeitreisen im Fels

Man muss kein Geologe sein, um an den Farben der Strandkiesel im dicken Buch der Erdgeschichte lesen zu können. Jerseys hohe Klippen strahlen in warmem Ziegelrot – meist grobkristalliner **Granit**, 550 bis 600 Millionen Jahre alt. Wohlgerundeter Cobo-Granit – die Cobo Bay als Namensgeber – prägt auch Guernseys mittlere Westküste. Ein wahrer Methusalem ist der Fels der zerklüfteten Steilabbrüche im Süden: grauer Icart-Gneis aus dem Gondwana-Urkontinent, entstanden vor zwei Milliarden Jahren und verformt in einer Phase der Gebirgsbildung vor 600 Millionen Jahren.

Den hohen Norden Guernseys, ebenfalls grau, prägt ein feiner **Diorit**. 268 Steinbrüche förderten im 19. Jahrhundert das begehrte Tiefengestein. Zu Hunderten wanderten Arbeiter aus Cornwall zu, die Bevölkerung der Gemeinde St. Sampson wuchs zwischen 1810 und 1841 von 650 auf 1567 Menschen. Die Kanalinseln lieferten den Granit für das Pflaster der Themseufer und der London Bridge. Um die Interessen der *stonecrackers*, die manuell Split für den Straßenbau herstellten, zu vertreten, wurde 1886 in Guernsey sogar eine eigene Gewerkschaft

Über Jahrmillionen haben Wind, Regen, Salz und Wellen die Felsen am Meer, wie hier den rötlichen Granit bei La Rocque, Jersey, zu bizarren Skulpturen geformt.

gegründet. Ein Blick nach Sark: Strandkiesel jeder Fasson und jeden Alters, Geologie für Fortgeschrittene, werden anschaulich erklärt in Felicity Belfields Büchlein »Sark Rocks«.

Knicks gegen die Stürme

Trotz Golfstromeinfluss hat das milde Klima der Kanalinseln seine Tücken: den Wind. Salz weht von der Küste über Blütengärten und Felder, und im Sturm wirbeln feine Bodenpartikel durch die Luft. Das Rezept der Bauern sind seit Jahrhunderten **Baumreihen** sowie **Wallhecken** – wie in Norddeutschland die Knicks –, aus Schlehen, Weiß- und Rotdorn, eng verwachsen mit Brombeeren, oder am Rand der Heide auch Stechginster. Die Steine, die der Pflug aufgeworfen hatte, sorgten im Kern der **Wälle** für Stabilität. Abgesehen vom Windschutz hielten sie das Vieh in Zaum. Als Lebensraum für Kleintiere wie Igel und Vögel sorgen sie für einen gesunden Naturhaushalt.

Branchage

Anfang Juli und September rattern **Balkenmäher** entlang der öffentlichen Wege und Straßen. Das Gesetz der *branchage* (wörtlich »Zweige«) verpflichtet die Anrainer, Böschungen und

Hecken zu schneiden, denn die *visite de branchage* steht bevor. Haben die kommunalen Inspekteure die lichte Höhe von weniger als 3,7 Meter über Straßen oder 2,4 Meter über Gehwegen zu beanstanden, können durchaus 50 Pfund fällig werden. Zum Schutz der Tierwelt sieht eine neue Regelung seit 2019 vor, dass die Böschungen nicht mehr »rasiert«, das heißt, zehn Zentimeter Schnitthöhe nicht unterschritten werden dürfen und die Krone eines Walls unangetastet bleibt.

Jersey National Park
Rund drei Viertel der Küste von Jersey – vor allem im Südwesten, Westen und Norden – sowie die Riffinseln Les Écréhous und Les Minquiers sind seit 2016 Teil des 1925 Hektar umfassenden **Nationalparks**. Ein Pionierprojekt im Archipel. Damit einher gehen Vorschriften für die Erschließung und Bebauung. Der National Trust for Jersey bildete eine der wichtigsten Triebfedern in diesem Vorhaben zum Schutz der Natur.

88 Prozent aller seltenen oder gefährdeten **Vogelarten** in Jersey leben innerhalb dieses Gebietes, zum Beispiel die im Jahr 2013 bei Sorel Point ausgewilderten *red-billed choughs* (Alpenkrähen, *Pyrrhocorax pyrrhocorax*). Hinzu geselen sich Seeschwalben *(terns)* auf der Inselgruppe Les Écréhous und Papageitaucher *(puffins)* bei Plemont. Dort wurde das Areal eines verfallenden Feriendorfes geräumt und mit Millionen von Spendengeldern renaturiert. Noch in der Entwicklung sind ein Informationszentrum in der St. Ouen's Bay sowie spezielle Wanderwege (www.jerseynationalpark.com).

Geduckt in Mulden
Moderne Siedlungen zeigen sich in prominenter Lage, ebenso alte Windmühlen und Burgen. Die alten Höfe aber lagen inmitten ihrer Felder windgeschützt in Senken, versteckt vor Piraten und feindlichen Nachbarn. Viele Güter umgaben sich seinerzeit mit Mauern. Selbst im Vorbeifahren bemerkt man den Aufbau in Streifen, denn dies war das Maß für den Lohn der Maurer. Ein hohes Tor gewährte Durchfahrt für Ochsen- oder Pferdefuhrwerke, durch ein kleines gingen die Bewohner

ein und aus. Nicht zu vergessen an der Außenwand die **Aufsteighilfe**, das Treppchen aus Granit, für alle, die hoch zu Pferd unterwegs waren. Mustergültige Beispiele hierfür sind Hamptonne und Morel Farm in Jersey oder Les Caches in Guernsey, auch für die Konstruktion der steingefassten Haustüren. Die Bauleute in Jersey wölbten den Bogen mit fünf Steinen, in Guernsey hingegen waren es sieben und mehr.

Etwa ab dem Jahr 1700 wurden die Portale eckig, und die typischen Hebefenster mit zwölf Scheiben ersetzten kleine Fenster mit abgeschrägten Laibungen. Die Reetdächer verschwanden damals. Geblieben sind die *witches' stones*, die **Hexensteine**: am unteren Ende der Kamine horizontal vorspringende Platten, die das ablaufende Wasser auf die Oberseite des Daches leiteten und damit eine Durchfeuchtung des Reets verhinderten. Die Story für die Kinder: ein guter Sitzplatz für die Hexen, damit sie nicht durch den Kamin einfahren …

Nobles im Zeichen des Meeres
Wie die Stufen eines Amphitheaters staffeln sich schmucke Häuser um die Hafenbucht von **St. Peter Port**. Die schützenden *bulwarks* am Hafen von **St. Aubin** und dessen schmale High Street säumen nicht weniger edle Bauten. Ihre Bewohner hatten ihr Vermögen auf dem Meer gemacht, mit Fischfang, Handel, Schiffbau und dem Vorteil der **Zollfreiheit** der Häfen. Man nannte die Kanalinseln die *conger islands*, die Inseln der Meeraale, so zahlreich war die Art im Archipel vertreten und so lukrativ ihr Export nach Frankreich und England.

Produktion und Handel von Strümpfen und vor allem in Jersey der **Kabeljaufang** vor Neufundland legten im 18. Jahrhundert den Grundstein für beachtliche Vermögen (→ S. 88). In Konkurrenz zu den alten Lehnsgütern der Seigneurs nahmen repräsentative *cod houses* Gestalt an. Eines davon, **Mon Plaisir** am östlichen Ortsrand von St. Aubin, überblickt selbstbewusst die Küste. Das Handelsbürgertum von St. Peter Port orientierte sich am *georgian style* mit verputzten Steinmauern und täuschte Wände aus teurem Sandstein mit Pseudofugen im Putz vor – der Wohlstand suchte seinen Ausdruck.

Fischerboote verleihen dem Hafen von St. Peter Port, der Hauptstadt Guernseys, Lokalkolorit. Die große Zeit des Fischfangs jedoch war das 18./19. Jahrhundert.

Eau de Vie

Stets ausreichend Wasser für Mensch und Tier verfügbar zu haben stellte Bauern wie öffentliche Institutionen vor schwierige Aufgaben. Pierre Le Sueur (1811–1853) wurde in St. Helier fünfmal zum Bürgermeister gewählt, da er nicht nur die Dringlichkeit der Sanierung der Stadtbäche und Abwasserkanäle erkannt hatte, sondern nach einer Choleraepidemie auch die Wasserversorgung in die Hand nahm. Am French Harbour von St. Helier, in St. Peter Port in The Pollet sowie in den Dorfkernen, ebenso in Sark neben dem Gefängnis blieben **öffentliche Wasserpumpen** erhalten. Dort versorgte sich die Bevölkerung, sofern man nicht einen eigenen Brunnen besaß.

Für das Vieh gab es eigene **Tränken**, *les abreuvoirs*. Darunter versteht man in Stein gefasste Stellen an Bachläufen oder richtige Becken mit Überdachung, etwa an den steilen Straßen landeinwärts der Küsten. Ganze 140 Stück katalogisierte der kulturhistorische Verein in Guernsey allein aus der Zeit zwischen 1870 und 1920, wobei viele auf ältere Tränken zurückgehen. Und natürlich wussten sich dort die Bürgermeister der Gemeinden selbstbewusst mit Inschriften zu verewigen.

KUNST UND KULTUR

Die Reformation hat ältere religiöse Kunst zerstört, und erst im 19. Jahrhundert fanden ihre Reste wieder die Beachtung der Kunsthistoriker. Ungebrochen erhalten blieb ein im kollektiven Gedächtnis verwurzeltes Brauchtum.

St. Helier Pilgrimage

Das 6. und 7. Jahrhundert gelten als die große Zeit der **Missionierung** auf den Inseln. Klöster in Irland, Cornwall und Frankreich sandten Glaubensmänner, um das Christentum zu verbreiten. In der Bucht von St. Aubin fand der belgische Mönch **Helerius** auf Jersey um das Jahr 525 seinen Felsen. Er hatte sich nach der Begegnung mit St. Marculf in Nanteuil der Askese verschrieben. Nur bei Ebbe war er über Land erreichbar. Heute schippert bei Flut ein Amphibienfahrzeug die Besucher zu **Elizabeth Castle,** wo eine Mole weit über den Felsen des Einsiedlers hinaus ins Meer sticht. Einerseits warnte Helerius die Insulaner vor Piraten, andererseits soll er falsche Leuchtfeuer gesetzt haben, sodass Schiffe an den Riffen zerschellten. Ein Piratenüberfall kostete ihm 555 das Leben. Dem hl. Helerius geweiht ist die älteste Pfarrkirche in der nach ihm benannten Gemeinde St. Helier. Am 16. Juli feiert sie seinen Namenstag und ehrt ihn mit einer Prozession zum Einsiedlerfelsen – alljährlich an dem Sonntag, der dem 16. Juli am nächsten liegt.

Sheela-na-gig

Lange hinter einer Mauer versteckt, wurde eine kleine Säulenskulptur in **St. Saviour's Church** die Entdeckung des Jahres 2020. Die Archäologin Rosalind Le Quesne war 2017 bei Arbeiten auf dem Friedhof auf sie aufmerksam geworden, doch erst ein Artikel über mittelalterliche Fruchtbarkeitssymbole brachte sie auf die richtige Spur. Vor allem während der romanischen Kunstepoche entstanden an Kirchen und Burgen weibliche Figuren mit einer starken Betonung der Genitalien. Sie sollten den Teufel und Dämonen abwehren, sowie ihren

An Picasso erinnert die mittelalterliche Darstellung des Jüngsten Gerichts in der Fishermen's Chapel, Jersey. Der Kopfputz verrät den Status der Personen.

Betrachtern Schutz und Glück verheißen. Als die Reformation das katholische Schmuckwerk in den Kirchen entfernte, war die **Sheela-na-gig von St. Saviour** hinter einer Trennwand verborgen. Erst die Renovierung im 19. Jahrhundert brachte sie ans Licht, wenngleich ihre richtige Interpretation erst sehr viel später gelingen sollte. Man kennt Parallelen in der Normandie, rund 60 vergleichbare Darstellungen in Großbritannien und 160 in Irland. Was man Rosalind Le Quesne ursprünglich als Adam erklärte, erwies sich schließlich als die geheimnisumwobene Darstellung einer Frau.

Fishermen's Chapel – St. Apolline

Es sind unscheinbare Kapellen, die auf den Inseln die schönsten mittelalterlichen Fresken bergen. Als Heinrich VIII. die Klöster auflöste und Kirchengüter in weltliche Hand wechselten, verfrachtete man vielfach Vieh oder landwirtschaftliches Gerät in die Bethäuser. Manche wurden gar zu Arsenalen der Miliz. Ein Glücksfall, wenn Tünche die Wandmalereien nicht zerstörte – wie in der **Fishermen's Chapel** in St. Brelade's Bay (Jersey). Künstler unbekannter Herkunft gestalteten um das

St. Brelade's Parish Church besitzt den umfangreichsten Zyklus an Buntglasfenstern von Henry Bosdet. Der Künstler selbst überwachte deren Installation.

Jahr 1385 an der Stirnwand die Stifterfamilie um eine Verkündigungsszene. Rund 50 Jahre später, der Stil ist merklich anders, folgten im Gewölbe Szenen des Paradieses, der Verkündigung, der Kindheit Jesu und der Passion, an der Westwand das Jüngste Gericht. In **St. Apolline** in Guernsey blieben an der Südwand eine Darstellung der Fußwaschung und des Letzten Abendmahls erkennbar, datiert auf das ausgehende 14. Jahrhundert. Weitere Kleinode sind vereinzelt Engel, etwa in La Hougue Bie und St. Clement's Church (beide Jersey) sowie ein Fresko in Guernseys Castel Parish Church.

Kunst in Glas – Henry Thomas Bosdet

Zahlreiche Kirchen der Inseln sind in dämmriges Licht getaucht, wirken mittelalterlich. Ihre Glasfenster wurden jedoch erst um 1900 neu gesetzt. Damals lebte eine neue Wertschätzung alter Bauten und Schmuckelemente auf, die der Calvinismus verbannt hatte. Feine charaktervolle Gesichter und tiefe Farben der Gewänder zeichnen die Meisterwerke in Glas von **Henry Thomas Bosdet** aus, insgesamt 33 zu entdecken in den meisten Pfarrkirchen in Jersey, vor allem in St. Brelade's Church.

In Jersey 1856 als Sohn eines Kapitäns geboren, fand der 17-Jährige Aufnahme an Londons Royal Academy. Seine Familie lebte mittlerweile in der Metropole, wo er eine erste Stelle an der Kunstschule von Islington annahm. In den 1880ern gewann Bosdet Profil als Glasmaler und lieferte erste Fenster nach Guernsey, eine Kreuzigungsszene für Ste-Marie-du-Castel. Die Ernennung zum Kurator der Life School der Royal Academy 1883 verhalf dem Künstler zu Anerkennung. Er war beeinflusst von der Gruppe der Präraffaeliten, ohne bei seinen Darstellungen in Sentimentalität oder Mystizismus abzugleiten. Drei Jahre vor seinem Tod (1934) kehrte er nach Jersey zurück. Sein schlichtes Grab liegt auf dem Friedhof von St. Saviour's Church, einen Steinwurf entfernt von vier seiner eindrucksvollen Werke.

Morris Dancing
Wenn zu Festen auf dem Royal Square in St. Helier Frauen in schwarz-roten Kostümen tanzen, klatschen auch die Einheimischen Beifall. Man glaubt sich inmitten eines mittelalterlichen Mummenschanzes. Angeführt von einem Tambour, schlagen die **Jersey Lilies** lange Stöcke im Rhythmus der schwungvollen Weisen, lustig wippen ihre zipfeligen Röcke und Jacken. Die Gruppe hat zwar keine unmittelbaren Wurzeln auf den Kanalinseln, besteht aber seit über 30 Jahren, ebenso wie eine Männergruppe. Die englischen **Morris Dancers** lassen sich bis ins 16. Jahrhundert zurückverfolgen, der Name ist vom spanischen *moriscos*, den Mauren, abgeleitet. Die berühmte Skulptur eines Moriskentänzers von Erasmus Grasser (um 1450) steht im Münchner Stadtmuseum. **Jerseys Morris Men** hört man von Weitem, Schellenbänder rasseln an ihren Waden, zu dunklen Hosen tragen sie einen bunten Wams aus Hunderten Stoffstreifen. Die Zylinder als Kopfbedeckung wirken skurril, zumal ihre dunkel geschminkten Gesichter an die Mauren erinnern sollen.

Wassailing
Bäuerliche Feste wie in Jersey das Wassailing im Museumsgut Hamptonne oder in The Elms, dem Gutssitz des National Trust, gewinnen mit Auftritten der **Morris Dancers** ihren be-

Die Klänge der Schellenbänder an den Hosen untermalen die Stocktänze der Morris Men, die Sonnwend- oder Erntefesten mittelalterliches Flair geben.

sonderen Charakter. Sie tanzen im Kreis um die Obstbäume herum, gießen Cidre über die Stämme, und schließlich stoßen alle mit einem Gläschen auf eine gute Ernte an:

»Old apple tree, we wassail thee / And hope that thou dost bear (…) / Let every man take off his hat / And shout to the old apple tree! / Old apple tree, we wassail thee (…)«

Das angelsächsische *waes hael* bedeutete »gute Gesundheit«. In der Hoffnung auf ein fruchtbares Jahr zelebrierten Englands Apfelbauern das **Wassailing** um *twelfth night* im Januar. Im normannischen Brauchtum und jenem der Kanalinseln waren ähnliche Rituale ursprünglich mit der Fastenzeit und Mittsommernacht verknüpft. Dann entlockten wahre Könner den *bâchins*, mit Wasser gefüllten Kupferkesseln, erstaunliche Töne, wenn sie mit nassen Händen Schilfblätter über den Rand zogen. Die Klangwolke des *bâchins ringing* sollte böse Geister vertreiben. Zum Sommerfest in Hamptonne wogen die Kesseltöne wieder über die Höfe und Wiesen. Monate später wird in den urtümlichen Behältern die Black Butter (→ S. 54) köcheln.

Perquage Paths

Im Sortiment der Weine von La Mare auf Jersey entdeckt man einen Roten mit Namen Perquage. Derselbe Begriff ist im Friedhof der **St. Brelade's Church** über einer Pforte zum Meer zu lesen. Nur wenige Schritte sind es hier vom Gotteshaus zum Meer. Tatsächlich ist dies der kürzeste aller Fluchtwege für Missetäter, die im Mittelalter nach normannischem Recht in Jersey Kirchenasyl in Anspruch nehmen konnten. Bis die Reformation diesem Schlupfloch einen Riegel vorschob. Von allen Pfarrkirchen verliefen 24 Fuß oder ein *perch* (ca. 5,5 Meter) breite Wege entlang von Bachläufen zur Küste. Nach neun Tagen musste der eines Vergehens Beschuldigte die Kirche verlassen, sich der Obrigkeit stellen oder die Insel für immer verlassen. Wohl dem, dessen Familie am Ende des Perquage-Wegs, wo er nicht angegriffen werden durfte, ein Boot bereitgestellt hatte.

Queen's Birthday Party

Krawatte im Gepäck? Oder die Möglichkeit, eine auszuleihen? Dann steht der Teilnahme an der Geburtstagsfeier zu Ehren von Königin **Elizabeth II.** nichts im Wege. Die in der »Jersey Evening Post« Anfang Juni abgedruckte offizielle Einladung ins Government House richtet sich an alle, nicht nur an die *locals*. Gewünscht wird als Dresscode der Herren eine Krawatte. Die Damen zieren in schmucken Sommerkleidern die Party auf dem makellosen Rasen zwischen duftenden Rosenrabatten. Und sollte es tröpfeln, sind die Zelte geräumig genug, um die illustre Gesellschaft aufzunehmen. Der Lieutenant Governor spricht und verliest die **Queen's Birthday Honours List**: Wer empfängt die Ehre, sich bald Sir oder Dame nennen zu dürfen (vielleicht der Bailiff, der im Anschluss sprechen wird). Wer wird ein Member of the British Empire (MBE)? Heutzutage wird vielen Personen, die in karitativen Rollen der Gemeinschaft ihre Zeit und Kraft zur Verfügung stellen, eine königliche Ehrung zuteil. Zum Abschluss folgt der eindrucksvoll präzise Aufmarsch von Militärkapellen, sehr fotogen die Schotten in penibel plissierten Röcken, und natürlich Böllerschüsse, nachdem alle feierlich ihre Gläser erhoben haben »to the Queen, a Notre Duc«.

JUNGE KREATIVE

*Kleine Galerien präsentieren auf den Inseln die Werke
ansässiger Fotografen und Künstler, deren Ruf jedoch nicht
selten weit über den Archipel hinausreicht.*

Ian Rolls

An einer Wand mit Kunstwerken sticht ein Ian Rolls immer heraus. Unverkennbar leuchten die kräftigen Farben seiner Landschaften und Ortsansichten. Ihre gerundeten Formen lassen an die Krümmung von Objekten durch ein Fischaugenobjektiv denken. Auf die Frage, was ihn zu diesen Formen inspiriert, gibt er eine überraschende Antwort:»Ich bin Rechtshänder, male aber mit meiner Linken. Eine kleine Herausforderung, die Individualität vermittelt.« Manchmal trifft man Ian Rolls in der neuen **Pitt Stream Gallery** in St. Helier (Pitt Street), die er zusammen mit seiner deutschen Frau Ruth führt. Im Schaufenster springen dem Betrachter lustige Strandgutkreationen ins Auge – ein deutlicher Hinweis auf das ökologische Engagement der Rolls', ob es um *beach cleaning* oder Recycling geht (www.ianrolls.com). Am 2017 eröffneten **Recycling Centre** in St. Helier komponierte er aus Müllelementen wie Mobiltelefonen, Spielzeugautos, Dinosaurier- und Comicfigürchen einfallsreich die Lettern für den Schriftzug:»REDUCE REUSE RECYCLE.«

Nick Romeril

Wer mit dem Schiff in Jersey einläuft, kommt unwillkürlich an den überlebensgroß grüßenden **Kuhköpfen** von Nick Romeril (geb. 1967, www.nicholasromeril.com) vorbei. Auf einem Bauernhof waren Kühe das nächstliegende Objekt für das aufkeimende Talent. In überdimensionalem Format prangen sie heute, 30 Jahre nach seinen Akademiejahren in London, an der Fassade der **Jersey Dairy**, der inseleigenen Molkerei. Nick Romeril spürt eine starke Faszination für die Küste und die Kraft des Meeres. Unzählige Werke hat er den Wellen, Dünen und Granitformationen am Strand gewidmet. Das Thema Fische

Die kraftvollen Formen der Natur, ob Wellen, Dünen, Granit oder das Eis der Antarktis, faszinieren den aus Jersey stammenden Künstler Nick Romeril.

und Meer griff der Künstler in einer riesigen Metallskulptur für eine Wohnanlage im ehemaligen Fischerviertel **Havre de Pas** (→ S. 78) auf. Nur Meter von der Promenade wirbeln Hunderte Fische um ein imaginäres Zentrum. Der Titel: »Bait Ball« – Köderball. Ein neuer Zyklus von 200 Zeichnungen und Gemälden entstand im Frühjahr 2018. Auf Einladung der Friends of the Scott Polar Research Institute begleitete Romeril sechs Wochen eine Antarktisexpedition der »HMS Protector«, Auge in Auge mit Pinguinen und gigantischen Eisbergen.

Simon Bossy

In der japanischen **Gyotaku-Technik** fand der Meeresbiologe aus Jersey das künstlerische Mittel, um seine Faszination für Fische und Seetang zu visualisieren. Wie die Fischer, die mit dieser Methode ihren Fang beweisen konnten, reibt Simon Bossy seine gesäuberten Meerestiere oder -pflanzen mit einer besonderen Tinte ein. Dann presst er etwa feines Papier auf einen Fisch. Noch fehlen auf dem zarten Abdruck die Augen, die sorgsam nachgemalt werden, und mitunter unterstreicht Simon mit zarten Farben die Struktur eines Körpers. Auf Originalen vermerkt er Datum und die Koordinaten des Fangs, und echt ist ein Simon Bossy nur mit seinem Hanko, dem japanischen Namensstempel in Rot (www.genuinejersey.je/member/simonbossy).

MUSEEN UND GALERIEN

Ob in umfangreichen Sammlungen oder auf Einzelthemen begrenzten Museen, die Inseln faszinieren mit ihrem unerwarteten Kulturmix zwischen Steinzeit und Avantgarde, einer Bodenständigkeit, tief verwurzelt in bäuerlichen Traditionen, aber mit jugendlicher Entdeckerfreude.

Kultur und Geschichte

Die umfassendsten Sammlungen zur breit gefächerten Kultur der Inseln, von Neandertalern bis zur surrealistischen Fotokunst einer Claude Cahun, zeigen das **Jersey Museum** (→ S. 68) in St. Helier sowie das **Guernsey Museum** (→ S. 138) in St. Peter Port. Beide Häuser beleuchten in wechselnden Ausstellungen auch epochenprägende Ereignisse und Persönlichkeiten. Das Museum von **La Hougue Bie** (→ S. 112) konzentriert sich auf die spannenden neolithischen Funde sowie den spektakulären keltischen Münzschatz aus der Antike vor einem Panorama geologischer Exponate. Victor Hugos langjährige Residenz, **Hauteville House** (→ S. 140) in St. Peter Port, atmet den Geist des großen französischen Literaten, dessen unermessliche Kreativität die überbordende Inneneinrichtung widerspiegelt.

Militärgeschichte

Innerhalb der Burgen von Jerseys **Elizabeth Castle** (→ S. 78) und **Castle Cornet** (→ S. 139) in Guernsey geben interessante Museen Einblick in den Alltag der Soldaten und die militärtechnische Entwicklung seit dem 13. Jahrhundert. Beide Anlagen behielten selbst noch für die deutschen Besatzer im Zweiten Weltkrieg ihre Bedeutung. Erst ein Besuch der Ausstellungen in den **Jersey War Tunnels** (→ S. 127) führt dem Besucher das einschneidende Ereignis der Besatzung für Einheimische und Zwangsarbeiter vor Augen. In kleinerem Rahmen leisten dies in Guernsey das **German Occupation Museum** (→ S. 150) sowie das **La Valette Underground Military Museum** (→ S. 144) bzw. Jerseys **Channel Islands Military Museum** (→ S. 101).

Das German Occupation Museum in Guernsey zeigt, wie ideenreich die Einheimischen den Alltag während der Besatzungszeit im Zweiten Weltkrieg bewältigten.

Maritimes

Wohl und Wehe der Inseln bestimmte immer das Meer, wie das **Maritime Museum** (→ S. 67) nicht nur mit Modellen zu den Gezeiten erklärt. Wie viel Reichtum bescherte der Kabeljaufang, welche Chancen bot der Schiffbau? Wie entwickelte sich die Kommunikation? Welche Bedrohungen die vorgelagerten Riffe noch immer bergen, wird im **Fort Grey Shipwreck Museum** (→ S. 156) an Guernseys Westküste mit Blick auf Hanois Lighthouse zur schaurigen Gewissheit. Leicht zu übersehen ist das **Roman Shipwreck** unweit von Fort Grey.

Zeitgenössische Kunst

Eine außergewöhnliche Verkaufsausstellung zeitgenössischer Skulpturen konkurriert in ihrer Formenvielfalt mit den bizarren Strukturen der Natur im Landschaftspark von **Sausmarez Manor** (→ S. 148), wo der Hausherr regelmäßig zu Geistertouren in das Manor House lädt. In den **CCA Galleries International** (10 Hill St.) sowie in der Galerie **Private & Public** (Phillips St.), beide in St. Helier, finden internationale Künstler ihr Forum in Wechselausstellungen von hohem Niveau.

La Hougue Bie zählt zu den wenigen megalithischen Kultstätten, deren originaler Erdhügel, hier »entzaubert« von einer christlichen Kapelle, erhalten blieb.

KULTSTÄTTEN DER FRÜHGESCHICHTE

Das Steinewuchten à la Asterix und Obelix nahm auf den Kanalinseln staunenswerte Ausmaße an. Nicht weniger überrascht, welche astronomischen Kenntnisse die Baumeister dieser Kultstätten umzusetzen wussten.

La Cotte de St. Brelade

Diese Höhle der Altsteinzeit birgt Zeugnisse menschlicher Existenz, die über 250 000 Jahre zurückreichen und zu den ältesten Europas zählen. Hoch in einer Klippe der **St. Brelade's Bay** gelegen, ist sie nur im Rahmen von Sonderführungen zugänglich, doch es faszinieren die Funde von Feuerstein-Faustkeilen und Tierknochen aus der Zeit der Neandertaler in den Museen von **La Hougue Bie** und **St. Helier**.

La Hougue Bie

Älter als die Pyramiden, rühmt die Werbung diese Kultstätte …
Im Kopf spult man die kulturellen Kenntnisse weit, weit zurück.
Vor mehr als 6000 Jahren gelang einer »primitiven« Gruppe
sesshafter Menschen der Bau einer phänomenalen **Kultanlage**.
An den Tagen der Tagundnachtgleiche schickt die aufgehende
Sonne ihr Licht mehr als 15 Meter tief in einen Hügel bis zum
Schlussstein im »Heiligtum«. Die intensive Beobachtung der
Gestirne hatte den Ackerbauern genügend Wissen an die Hand
gegeben, eine Passage exakt auf die Sonnenaufgangspunkte um
den 21. März und 23. September auszurichten. La Hougue Bie
(→ S. 112), Kultzentrum und erst in zweiter Linie Grabanla-
ge, gewährt wie die anderen Stätten der Inseln den Blick zum
Meer. Mit einer Besonderheit: Aus bis zu fünf Kilometern Ent-
fernung wurden hier die Megalithen herangeschleppt. Warum?
War Hougue Bie das wichtigste Kultzentrum auf Jersey?

Les Fouaillages

Ein Brand in der Heidelandschaft des **L'Ancresse Common**
(Guernsey) brachte erst 1976 einen der ältesten Bestattungsorte
der Kanalinseln ans Licht. Um 6500 v. Chr. zogen Gruppen, die
von der Jagd und vom Fischfang lebten, über die bewaldeten
Inseln und hinterließen Speerspitzen. Rund 2000 Jahre später
begannen sie Wald für eine **Grabanlage** zu roden. Ein Gang mit
tonnenschweren Decksteinen war über 500 Jahre den Toten geweiht. Aus unbekannten Gründen wurde er um 4000 v. Chr. verschlossen, ein Jahrtausend später abermals genutzt und erneut
abgeriegelt sowie mit einem Erdhügel überdeckt. Feuerstein-
werkzeuge aus der Zeit deuten auf eine bäuerliche Gemeinschaft
hin, die mit Frankreich in Verbindung stand, denn das Material
bestimmter Objekte stammt aus dem Nachbarland. Natürliche
Sandanwehungen halfen, das Geheimnis der Steinzeit zu hüten.
Selbst den deutschen Baggern, die im Zweiten Weltkrieg Sand
am L'Ancresse Common schürften, entging der Schatz. Idyllisch und unscheinbar ruht die Anlage heute am Rande eines
Golfplatzes, der Fundort von mehr als 35 000 Objekten, die
wichtigsten ausgestellt im Guernsey Museum in St. Peter Port.

La Sergenté

Einem Bienenkorb glich die Konstruktion von Jerseys bisher ältestem Steinzeitmonument auf einer Felsnase hoch über der **St. Ouen's Bay** im Westen. Die Stürme der Zeit haben die Kuppel schwinden lassen, erhalten blieben das Pflaster und die unteren Mauerteile des kurzen Gangs mit rundem Endraum. Bisher scheint er einzigartig in seiner Form und auf ca. 4500 v. Chr. zu datieren. Bei den ersten Grabungen 1929 fanden Archäologen keine Gebeine, lediglich Fragmente von Tongefäßen. Archäologie für Enthusiasten, der Blick von der Anhöhe bezaubert jeden.

Le Trépied Dolmen von Le Catioroc

Die Magie der neolithischen Stätten, wo Gottheiten oder übernatürliche Wesen verehrt wurden, scheint über die Jahrtausende ihre Kraft bewahrt zu haben. Keltische Kulte werden mit ihnen verknüpft, bis ins 17. Jahrhundert galten sie als Treffpunkte der Hexen und des Teufels – und kein Dolmen mehr als Le Trépied an Guernseys Westküste. Zu mitternächtlicher Stunde glaubte man **Hexen** und **Zauberer** dort versammelt zu wissen. Chronisten berichten, dass die Bevölkerung die Gegend zum Wochenende hin mied, denn zum Hexensabbat saß der Teufel in Gestalt eines schwarzen Ziegenbocks auf dem zentralen Deckstein. Unbeirrt von Aberglauben und Hokuspokus, erforschte 1839/1840 F. C. Lukis, einer der führenden Archäologen seiner Zeit, den Dolmen, legte menschliche Gebeine, Tongefäße und Pfeilspitzen frei. Welche Bedeutung Le Trépied – in Sichtweite des Dolmens Le Creux ès Faïes und des Menhirs Le Croq – vor 6000 Jahren zukam, bleibt im Dunkel der Vorzeit verborgen.

La Gran'mère du Chimquière

Heute steht sie am Rand des Friedhofs von St. Martin (Guernsey), früher wohl näher an der Kirche, ehe Priester sie als heidnisches Kultobjekt verbannten und im 19. Jahrhundert sogar zerschlagen ließen. Jetzt meldete sich der Protest der Einheimischen – sie wollten ihre »Großmutter« wieder als Ganzes sehen. Jungsteinzeitliche **Menhire** markierten Orte der Verehrung, mit weiblichen Geschlechtsmerkmalen wie bei dieser Stele reprä-

Dolmen wie Le Trépied an der Westküste Guernseys waren bedeutende Kultplätze der jungsteinzeitlichen Inselbewohner, die vom Kontinent zugewandert waren.

sentierten sie Mutter- oder Erdgottheiten, Symbole der Fruchtbarkeit. Vor mehr als 4000 Jahren aus hartem Granit gehauen, zeigt La Gran'mère Parallelen zum ebenfalls weiblichen Menhir von Castel Church, wobei dieser zwei Meter über seine Umgebung aufragt. Das menschliche Antlitz von La Gran'mère skulptierten wohl erst Künstler der Antike. Es vermittelt menschliche Nähe, und regelmäßig schenken Bräute oder Frauen, die sich Kinder wünschen, der stillen Figur hübsche Blumenkränze.

Le Câtel de Rozel

Selbst archäologischen Laien entgeht er nicht, der gigantische **Erdwall**, den man von Bouley Bay kommend auf dem Klippenpfad bei Rozel durchquert. Sechs Meter hoch und 200 Meter lang schiebt er sich als mächtige Barriere zwischen die Felder des Küstenplateaus. Noch gab es keine systematischen Grabungsarbeiten, doch Zufallsfunde wie Münzen und ein Dolch aus Bronze stellen die Existenz eines Wehrdorfes im ersten Jahrhundert v. Chr. in den Raum. Ferner entdeckte man im Kern des Walls Strukturen aus der Jungsteinzeit, das heißt, über Jahrtausende schien den Vorzeitmenschen dieser Platz mit Blick zur normannischen Küste ein idealer Ort zu sein, um Schutz vor Feinden zu suchen. Doch wer waren diese?

Der gärtnerischen Passion von Dame Sibyl Hathaway sowie ihres Enkels Seigneur
J. M. Beaumont und dessen Frau verdankt La Seigneurie in Sark ihren Blütenzauber.

GÄRTEN ENGLISCH-MEDITERRAN

*Eine subtropische Üppigkeit der Vegetation, verwöhnt von
milden Wintern und temperierten Sommern, gibt den Gar-
tendesignern auf den Kanalinseln allen Spielraum, sich zu
entfalten – ausschweifend auf den Landsitzen der Seigneurs,
en miniature in schmucken Cottage Gardens.*

Im Stil der Aristokratie – Samarès Manor

Auf den lange bäuerlich geprägten Kanalinseln nahm die Gartengestaltung erst im späten 18. Jahrhundert ihren Aufschwung.
Die Faszination für exotische Gewächse, die die Pflanzenjäger
aus den Kolonien mitbrachten, schwappte seinerzeit von Großbritannien über den Kanal. In den Landschaftsgärten der **Seig-
neurien** und *cod houses* begannen die Experimente.

Die botanische Leidenschaft von Sir James Knott, Besitzer
einer britischen Schifffahrtsgesellschaft und ab 1924 Herr auf
Samarès Manor (Jersey), trug dem berühmten Gartenarchi-

tekten **Edward White** einen lukrativen Auftrag ein. Wo sich im Mittelalter Salzmarschen erstreckten, sollte ein grandioser japanischer Garten das Auge erfreuen. Dass die deutschen Besatzer im Zweiten Weltkrieg die Anlage zum Kulturgut erklärten, rettete in Zeiten extremen Treibstoffmangels den kostbaren Baumriesen die Existenz. Fast 100 Jahre alt, präsentiert heute die Krone eines majestätischen Tulpenbaumes *(Liriodendron tulipifera)* im Mai bzw. Juni bestechend orangegrüne Blüten und recken sich die Luftwurzeln einer Sumpfzypresse über den Spiegel des Karpfenteichs im Zen-Garten.

Mauerblümchen im Mikroklima – Sarks Seigneurie

Dass in windreichen Klimazonen kluge Gärtner ihre Schätze gerne hinter Mauern oder Hecken hegten, belegen schon antike Pergamente. In Sarks Seigneurie durchbricht südlich des Herrenhauses ein kleines Portal eine massige Granitmauer, und selten fühlt man sich in einem Garten so überwältigt vom Farbenrausch und der Fülle des Rankwerks wie in diesem Geviert. Ob riesige Artischockenpflanzen, neuseeländische Teesträucher und Baumfarne oder eher vertraute Rosen, Iris, Klematis und rankende Petunien – die wärmende Wirkung sowie der Windschutz des Granits ermöglichen diesem botanischen Paradies eine kaum zu beschreibende Üppigkeit.

Victorian Walled Garden – Saumarez Park

Wie alle Bauernhöfe waren lange auch noble Landsitze Selbstversorger – im 19. Jahrhundert sollte ein *acre* (ca. 4000 Quadratmeter) genügend Nahrungsmittel für einen Haushalt mit zwölf Personen liefern. Königin Viktorias Köchen standen die Erzeugnisse von 31 *acre* Land bei Windsor zur Verfügung.

2006 begannen freiwillige Helfer den ehemaligen **Küchengarten** der Familie von Admiral James Saumarez in Guernsey zu restaurieren. Er ist das Idealbild einer symmetrisch organisierten Marktgärtnerei im Kleinen. An die Mauern lehnen sich nun wieder romantische Gewächshäuser, wo Weinreben süße Trauben tragen und eine Sämerei die Setzlinge für Gemüse hätschelt, wie es zwischen 1875 und 1900 die Töpfe füllte.

Kunst im Grünen – Sausmarez Manor
Dieser romantischen Anlage gelingt der Spagat zwischen statt-
lichem Herrenhaus und zeitgenössischem Skulpturenpark. Rund
ums Jahr untermalen Blüten und Laubwerk die jährlich wechselnden Exponate – Narzissen und Bluebells im Frühjahr zusammen mit bis zu 100 Jahre alten Kamelien. Die späten Sorten
geben sich die Hand mit Rhododendren, die die Sommerblüten
begrüßen. Hell- und Dunkeleffekte mischen sich entlang der
gewundenen Wege, wenn die dichten Bambushorste ihr neues
Grün schieben und flirrendes Licht mit den Kunstwerken spielt.

Judith Quérées Leidenschaft für einen Cottage Garden
Die botanische Welt im Kleinformat hat sich die passionierte
Jerseyanerin in ihren Garten geholt. Für an die 2500 Pflanzen-
arten aus allen Kontinenten hat Judith Quérée einen geeigneten
Platz gefunden. Manche mögen's heiß am Hang oberhalb ihres
Bilderbuchcottage, andere bevorzugen, die Füße im Wasser zu
baden und den Kopf im Schatten zu wiegen. Ihr Prinzip formu-
liert Judith Quérée, ganz wie die berühmten britischen Garten-
designer, als »das geordnete Chaos«. Dicht an dicht stehen die
Pflanzen in den Beeten, Unkraut hat keine Chance. Die Vielfalt
wirkt natürlich organisch, nichts ist starr oder gezirkelt. Ferner
hat sie bei der Pflege ihres kosmopolitischen Reiches immer die
heimische Tierwelt im Hinterkopf. Die Bedürfnisse von Insek-
ten und Vögeln liefern ihr zahlreiche Argumente für die Pla-
nung. Selbst Wühlmäuse haben auf ihrer Wiese ein Bleibe-
recht, sind sie doch die Beute der Schleiereulen. Dieser Garten
ist bei aller Exotik ein integrativer Teil für seine Umwelt.

Natur als Geschenke an das Volk
Mit den **Candie Gardens** gewann St. Peter Port 1869 seinen
ersten Volkspark, begründet in der Großzügigkeit von Osmond
de Beauvoir Priaulx, der aus einer der ältesten Familien der Insel stammte. Botanische Vorarbeit hatte bereits in den 1780ern
der erste Besitzer des Anwesens, der Gartenspezialist **Peter
Mourant**, geleistet. Heute genießt man Kühle unter grandiosen
Baumkronen zwischen jahreszeitlich wechselnden Blumenra-

Bluebells überziehen im Frühjahr weite Flächen in Waldungen und Parkanlagen. In Gärten entdeckt man bisweilen auch eine weiße Variante der Waldhyazinthen.

batten mit Blick auf den Hafen sowie die Nachbarinseln Herm und Jethou. An den Fuß hoher Granitmauern ducken sich einige der ältesten Treibhäuser aus viktorianischer Zeit, und zwischen den Kerzen der Natternköpfe ist ein Graureiher Stammgast am Teich – zum Verwechseln einer Statue ähnlich.

Auf Jersey geht der **Howard Davis Park** auf Thomas Benjamin Davis zurück, der im Jahr 1937 der Stadt St. Helier ein ähnlich großzügiges Geschenk machte.

Open Gardens

Ein Blick hinter die Mauern gut versteckt gelegener privater Gärten und Cream Tea auf dem Rasengrün … über den Sommer hin ermöglichen diverse Veranstaltungen zum kleinen Preis botanische Exkursionen in liebevoll gehegte Kleinode der Gartenkunst – von japanisch formell bis englisch überbordend. Besonders stilvoll genießt man die Pracht bei einer Tasse Tee und *scones*, die die Mitglieder des örtlichen Frauenbunds servieren. Sehr britisch fließen die Einkünfte von Eintritt und Leckereien in die Kassen wohltätiger Verbände. In Jersey stehen **Domaine des Vaux** oder **Seafield House** auf der alljährlich mit Spannung erwarteten Liste, in Guernsey öffnen etwa **Castle Carey** in St. Peter Port oder **Le Vallon** in St. Martin ihre Tore.

FESTKALENDER

Genaue Daten erhält man über die Internetseiten der Tourismusämter: www.jersey.com, www.visitguernsey.com, www.sark.co.uk, www.visitalderney.com

April
Wildflower Fortnight Sark
Geführte Wanderungen, und eine Ausstellung hat die heimische Flora zum Thema.
Zwei Wochen im April/Mai

Guernsey Literary Festival
Lokale und britische Autoren veranstalten Lesungen an interessanten Örtlichkeiten.
Fünf Tage im April/Mai | www.guernseyliteraryfestival.com

Mai
Liberation Day
Festlichkeiten zum Tag der Befreiung von der deutschen Besatzung im Jahr 1945.
9. Mai in Jersey und Guernsey, 10. Mai in Sark

Spring Walking Festival, Guernsey
Wanderungen mit Experten, auch auf den Nachbarinseln.
Zwei Wochen Mitte Mai

Gorey Fête de la Mer, Jersey
Hafenfest mit Musik und Essensständen, ein grandioses Feuerwerk folgt um 22 Uhr.
Donnerstag Mitte Mai

Alderney Wildlife Week
Vielfältige Veranstaltungen rund um das Thema Natur.
Ende Mai | www.alderneywildlife.org

Juni
Floral Guernsey Summer Festival
Einige Privatgärten sind geöffnet, mit Themenführungen, Workshops und Vorträgen führender Gartenspezialisten.
Mehrere Wochenenden Juni–Sept. | www.floralguernsey.co.uk

Juli
Sark Fest
Folkmusik auf mehreren Freilichtbühnen. Überaus populär, daher früh buchen.
3 Tage Mitte Juli | www.sarksf.com

Le Viaer Marchi, Guernsey
Historischer Markt mit traditionellen Speisen wie *bean jar* und *gâche*, alten Liedern und Tänzen in Saumarez Park.
Erster Montag im Juli

Sheep Racing, Sark
Heitere Schafrennen finden auf der Wiese neben der Island Hall statt. Ein großer Spaß sind die Wetten ...
Freitag/Samstag Ende Juli

Alderney Week
Festwoche mit Karnevalscharakter, witzigen Wettbewerben und ausgelassenen Partys.
Ende Juli/Anfang August

August
Battle of Flowers
Mehrstündige Parade kunstvoll mit echten und Papierblumen geschmückter Wagen.
Jersey 2. Donnerstag, Guernsey 4. Donnerstag im August, Moonlight Parade auf Jersey Freitagabend | www.battleofflowers.com

Samarès Manor Country Fair, Jersey
Erntefest auf dem Hofgut von Samarès Manor – reizvoll für die ganze Familie.
Bank-Holiday, Montag Ende August | www.samaresmanor.com

Portuguese Food Festival, Jersey
Der Duft portugiesischer Gerichte schwebt über dem Hafenbereich am Jardin de la Mer.
Wochenende Ende August

September
Autumn Walking Festival, Guernsey
Vielfältige Wanderungen finden mit Experten der unterschiedlichsten Sparten statt.
Zwei Wochen Mitte September

Autumn Walking Week, Sark
Täglich wechselt das Thema der geführten Wanderung.
Eine Woche Ende September

International Air Display, Jersey
Eine kostenlose Flugschau über der St. Aubin's Bay, mit historischen Maschinen und Kunstflugstaffeln.
Zweiter Donnerstag im September

Oktober/November
Tennerfest Jersey/Guernsey
Sechs Wochen konkurrieren Hotels und Restaurants mit Köstlichkeiten zu kleinen Preisen. Menüs schon ab 10 £, eben dem »tenner« (Zehner).
Oktober/November | www.tennerfest.com

La Faîs'sie d'Cidre, Jersey
Fest des Cidre-Pressens im Museumsgehöft Hamptonne.
Ende Oktober | www.jerseyheritage.org

Die Guernsey-Milchkanne hat ihren Weg selbst in die Werkstatt von Gold- und Silberschmieden gefunden, die dem einst bäuerlichen Gebrauchsgut Glanz verleihen.

HANDWERK UND DESIGN

In den bäuerlichen Gemeinden der Inseln stand eher Handwerk als Künstlerisches im Vordergrund. Der Ton blieb auf den Feldern, das Silber funkelte in den Herrenhäusern. Bei Fischern und Bauern wurde gestrickt, gehobelt, gedengelt.

Guernsey-Milchkannen

In der modernen Milchwirtschaft haben sie ihren Platz verloren, auf Kaminsimsen einen neuen ergattert – die kugeligen Kupferkannen aus Guernsey. In Sausmarez Manor arbeitet der letzte der einst zahlreichen Kupferschmiede. **Trevor Rogers-Davis** (www.guernseycans.co.uk) fertigt die bauchigen Gefäße nach altem Muster, ganz so, wie sie zusammen mit der speziellen Kuhrasse vor rund 1000 Jahren mit Mönchen des Klosters Mont St-Michel nach Guernsey gekommen sein sollen. Mancher mag sie kitschig finden, doch sie sind mit ihrer lebensmittelechten Auskleidung beispielsweise für das Gartenfest ein attraktiver

und robuster Getränkekrug, der Deckel sitzt passgenau. Selbst
die Queen hat einen Satz: Sechs Kannen schickten die States of
Guernsey 1947 als Hochzeitsgeschenk an Elizabeth und Philip.

Silbernes vom Meer inspiriert

Anhänger oder Ohrringe in Form von Seesternen oder Muscheln baumeln in den Vitrinen kleiner Galerien – die modernen Schmuckkünstler der Inseln finden ihre Anregungen am
Strand. **Lisa Le Brocq** (Jersey, www.lisalebrocq.com) und **Lorraine Nicolle** (Sark) schmücken Dekolletés und Ohrläppchen
mit entzückenden Silberobjekten, während **Victoria Bardsley**
von den Wellen gerundete Seeglasperlen in Silber fasst, etwa zu
Armbändern (Facebook: Victoria's Jersey Island Seaglass).

Tönernes mit Tradition

Reich an Ton, ein Erbe der Eiszeiten, könnten die Inseln viele
Keramikwerkstätten beliefern. Mehr als eine kleine Manufaktur für Backsteine auf Jersey entstand dennoch nicht. Das Ton-
geschirr für den Hausgebrauch kam lange Zeit preisgünstig
aus Frankreich. Vor einigen Jahren hat die junge Keramikerin
Claire Haithwaite für sich das Abenteuer entdeckt, eiszeitlichen Ton aus dem Watt zu graben und für die Verarbeitung
vorzubereiten. Ihre Kollektion »Tidal Wave« umfasst formschö-
ne schlichte Schalen, erdig robust von außen, ihr Inneres ma-
kellos glasiert in den Nuancen des Meeres und schimmernder
Muscheln (www.haithwaiteceramics.com, Tel. 077 97/73 02 67).

Fische auf Treibholz

»When the tide goes out, I go out.« So beginnt **Jane James** ihre
Story. Fast täglich ist sie an Jerseys Küste unterwegs mit Hund
und einem großen Korb, den sie mit geschultem Auge mit
Treibholz, Muscheln und Meerglas füllt. Sie werden Teil ihrer
Skulpturen: Fische als Individualisten oder in ganzen Schwärmen. Zur munteren Meeresfauna haben sich über die Zeit
Vögel, Strandhütten und bunte Boote gesellt. In ihrem Studio
(mit Laden) am Hafen von St. Helier veranstaltet sie unter anderem Ausstellungen und Vorträge zu Kunstthemen (S. 82).

Alte Masche, junge Mode

»Guernseys« in einer Modestrecke der US-amerikanischen Vogue sowie in der Ausstellung »Countryside, The Future« des Guggenheim Museum New York – Arthur Eldrige von Guernsey Woollens konnte die Neuigkeiten im Februar 2020 kaum fassen: »All sorts of crazy things happen. We've featured in the New York Times magazine, Wall Street Journal, and Japanese magazines before, amongst others.« Dass eine Kooperation mit der Luxusmarke Sjes Marjan die Türen zur Modewelt der Vogue öffnen würde, schien Mr. Eldrige lange Utopie.

Wie alles begann? Im 16. Jahrhundert mit **Wollstrümpfen**, fein wie Seide. Außerdem, so die Chroniken, exportierte John Bonamy, ein Händler aus Guernsey, »undergarments called Guernsey frocks«. Einst ein Begriff für Unterwäsche, war dies noch im 19. Jahrhundert die Bezeichnung für die Pullover der Fischer. Das Stricken an sich war auf den Inseln nichts Ungewöhnliches. Mit dem Zuzug von Hugenotten nach 1572 (Verfolgung der Protestanten in Frankreich) gewann die Herstellung von **Strickwaren** für den Hausgebrauch jedoch Profil, denn die Immigranten waren erfahren in der Produktion von kostbaren Textilien wie auch im Handel. Üblich wurde die Verwendung von **Kammgarn**, die Qualität der feinen Beinkleider für Frauen und Männer war exportfähig. Den Wert von 20 Schillingen (heute ca. 180 £) hatte ein Paar seidenbestickter Strümpfe aus Guernsey in den Truhen von Königin Elizabeth I. anno 1586. Im Jahr darauf soll Maria Stuart ein Paar weißer Guernsey-Strümpfe auf ihrem Weg zur Richtstätte getragen haben.

Der Freihafenstatus der Inseln ermöglichte es, günstig **Wolle** aus Südwestengland einzuführen. In Heimarbeit strickten Bauernfamilien, die Männer inbegriffen, Strümpfe, die 1677 Charles Trumbull in einem Porträt der Inseln als »some of them so curious knit and fine that they be drawn through a ring and worth 20 shillings or 30 shillings« beschreibt. In den 1680er-Jahren verdienten sich 6000 der 14 000 Einwohner von Guern-

Noch sind die blauen Guernsey-Pullover der meistgefragte Artikel bei Guernsey Woollens. Doch weitere Varianten des Klassikers kommen zunehmend in Mode.

sey damit ein Zubrot. Um die Produktion von Nahrungsmitteln weiterhin zu gewährleisten, wurde Männern in Guernsey per Gesetz verboten, bei Tage zu stricken, in Jersey nicht in den Wochen der Algenernte, denn die Felder brauchten Dünger.

Waren mit dem Fortschreiten der Industriellen Revolution Strümpfe nicht mehr rentabel zu fertigen, so blieben dennoch **Pullover** für die Fischer und Bauern gefragt. 1804 empfahl sie Lord Nelson als Kleidungsstücke für die Marine. Dem elastischen Stoff Jersey (gestrickt oder gewirkt) verhalf Coco Chanel zu Weltgeltung, als sie das vorher überwiegend für Unterwäsche verarbeitete Material in revolutionären Kreationen zeigte.

Flinke Hände benötigten einst rund 80 Stunden pro Jumper. Mit modernen Strickmaschinen entsteht der Hauptteil eines Guernsey in 15 Minuten – plus ein bis zwei Stunden Handarbeit. Drei kleine **Manufakturen**, zwei auf Guernsey, eine auf Alderney, produzieren die unverwüstlichen, herrlich warmen Pullover nun auch in modischen Varianten und teils in kühler Baumwolle. 90 Prozent gehen in den Export, davon die Hälfte nach Japan. Ein spannender Weg von den einstigen Strümpfen zur internationalen Anerkennung des zeitlosen Jumper.

Ein Muss auf den Kanalinseln: Cream Tea mit Scones – der Tee gerne auch ohne Sahne, die Scones aber mit Erdbeermarmelade und fast buttriger Clotted cream.

KULINARIK

Gehen Sie bei Ihrem Besuch der Kanalinseln auf kulinari-sche Entdeckungsreise. Meer und Felder liefern Zutaten höchster Qualität, ob für den deftigen Bohneneintopf oder auch einen unvergesslichen Hummer Thermidor.

Frühstück englisch genüsslich

Selbst wenn die Inseln ihr »not quite British« in vieler Hinsicht leben, das *cooked breakfast* genießt Tradition. Vielleicht unge-wohnt, doch keineswegs ungewöhnlich ist an der See der Fisch auf der Frühstückskarte, etwa *kippers*, die ohne Kopf geräucher-ten Heringe, oder saftiger: *smoked haddock*, geräuchertes Schell-fischfilet mit pochiertem Ei. Vorsicht beim süßen Brotaufstrich: Jerseys Black Butter (→ S. 54) ist leicht mit der Würzpaste Mar-mite zu verwechseln. An diesem dunkelbraunen Hefekonzent-rat, einem Nebenprodukt des Bierbrauens, scheiden sich selbst im angelsächsischen Raum die Geister – »love it or hate it«.

Pub Grub zum Ale

Für einen Mittagsimbiss sind die urigen Pubs ideal. Wem nach einem kühlen Hellen dürstet, muss sich an importierte *Lager*-Biere halten. Weniger kalt und schäumend rinnt heimisches *ale* (obergärig) aus dem Zapfhahn, dafür wird das Glas bis zum Rand gefüllt. IPA steht für *Indian Pale Ale*, einst für die Kolonien bestimmt und zur besseren Haltbarkeit stärker gehopft. Warme Tellergerichte firmieren als *pub grub* auf den Karten. Der Klassiker für **Fish & Chips** ist Kabeljau *(cod)*, serviert mit Sauce tartare, *mushy peas* (pürierten Erbsen) und nach Wunsch einem Spritzer Essig über die Pommes – einfach probieren!

Königliche Kartoffeln

Die kleinen, cremeweißen **Jersey Royals** sind viel zu schade, um in siedendem Öl zu enden. Glaubt man älteren Insulanern, so schmeckten die legendären Frühkartoffeln einst weit aromatischer, denn die Bauern düngten mit Seetang, und der Seewind trieb das Salz aus dem Meer über die Felder! Heute schützen Plastikplanen die begehrten Erdäpfel, und Jersey wirkt im Januar/Februar, als ob Christo ein neues Projekt realisiert hätte. An den steilen Hängen der Royals, *les cotils*, ist alles Handarbeit. Keine Frage, dass die exklusive Knolle ihren Preis hat.

Cream Tea – erste Sahne!

Die Milch der Jersey- oder Guernsey-Kühe wird wegen ihres hohen Fett-, Karotin- und Proteingehalts gepriesen. Beste Ausgangsbasis für *clotted cream*, den butterähnlichen Rahm, der dem nachmittäglichen *cream tea with scones* das Häubchen aufsetzt. Also: Rosinenbrötchen quer aufschneiden, mit Butter und Erdbeerkonfitüre bestreichen und obenauf *clotted cream* – einfach köstlich. Süße Tradition hat auch *Guernsey gâche* (sprich: gosch), ein Rosinenbrot zum Tee.

Espetadas à la Portugal

Dass in Jersey Portugals Spezialitäten auf vielen Speisekarten vertreten sind, ist mit der Zuwanderung portugiesischer Arbeitnehmer in Gastronomie und Handel seit den 1960er-Jahren zu erklären. Sie kamen vor allem aus Madeira und verhalfen nicht nur *espetadas*, den opulenten Spießen in allen Variationen, zu Popularität. Wer die deftige Küche aus dem Südwesten Europas schätzt, wird vor allem in St. Helier fündig.

Von Cidre bis Black Butter

In St. Heliers Fußgängerzone behauptet ein ringförmiger Granittrog mit einem massigen Mühlstein seinen Platz: ein *apple crusher*, wie er einst auf fast jedem Hof in Jersey und Sark zu finden war. Degradiert zu Blumenbehältern, wecken sie die Erinnerung an Jahrhunderte, als Wasser von minderer Qualität war und eher Vergorenes, ob aus Getreide, Honig oder Äpfeln, den Durst stillte. Die enge Verbindung zur Normandie hat dem **Cidre** seinen Weg gebahnt. Wurde er anfänglich importiert, bedeckten zwischen 1600 und 1700 Streuobstwiesen mit Apfelbäumen ca. 15 Prozent der Insel Jersey, Tendenz steigend. Cidre wurde ein einträgliches Ausfuhrprodukt, sogar Teil des Soldes der Soldaten – und natürlich Zutat in vielen Rezepten. Selbst in kleinen Stadtgärten blühten Apfelbäume.

Mitte des 19. Jh. galten Jerseys Apfelbauern als die absoluten Spezialisten der Cidre-Produktion. So suchten die Mitglieder des Landwirtschaftsverbandes Untere Seine nicht etwa Rat bei normannischen Kollegen, sondern reisten auf die Insel.

Die States of Jersey kämpften im Jahr 1676 gegen einen Importzoll auf Cidre, den England einführen wollte, und kurz darauf für einen Einfuhrstopp für Most aus der Normandie. In Hochzeiten der Produktion um 1800 ernteten Jerseys Bauern genügend Äpfel für gut zwei Millionen Gallonen, umgerechnet 90 000 Hektoliter Most pro Jahr.

Nach dem ersten Zerkleinern der Früchte in der runden Granitpresse (*lé tou d'preinseu*) schichtet man die Masse Lage um Lage zwischen Sackleinen auf eine zweite rechteckige Presse, die den eigentlichen Saft liefert. Vergoren wurde in zylinderförmigen Keramikgefäßen, wie sie vielerorts die Fenstersimse und Regale zieren. Und an einer Vielfalt der Sorten mangelte es keineswegs – mehr als 65 unterschiedliche listete ein passionierter Sammler in den 1970er-Jahren auf.

Zum **Hoffest** in Samarès Manor (→ S. 106) sowie zum **Faîs'sie d'Cidre** im Museumsgut Hamptonne (→ S. 128) zie-

Es ist bemerkenswert, dass alle Kanalinseln traditionell Cidre produzierten, aber nur die Bäuerinnen in Jersey und Sark begannen Black Butter herzustellen.

hen kräftige Pferde noch den Mühlstein, und duftender Apfelsaft wallt aus den Pressen. Die Menge des heute auf den Inseln kommerziell hergestellten Ciders – bekannte Marken sind **La Robeline** und **La Mare** in Jersey, **Rocquette** in Guernsey – ist im Vergleich zu früher verschwindend gering. Aus den Zapfhähnen der Pubs sprudelt meist britischer Most.

Wenn zum Cream Tea in Jersey **Black Butter** die Erdbeerkonfitüre ersetzt, weckt dies Verwunderung. Schwarze Butter? Hier ist keine Sepiatinte im Spiel, vielmehr feine Marmelade aus Äpfeln. *Le nièr beurre*, so der alte Name im Normannisch-Französischen, kochte, wer Cideräpfel und eine große Familie zum Helfen hatte. *Beurre* bezeichnete schlicht den Brotaufstrich, ehe sich die Bedeutung auf das Milchprodukt verengte. Über Stunden wurde Cidre in großen Kesseln, den *bâchins*, unter Rühren reduziert, dann geschälte Apfelschnitzel darin gekocht und mit Zimt, Nelken, Piment, Lakritz, Zucker(-sirup) und Zitronen verfeinert. Das Wieviel an Gewürzen bleibt das Geheimnis der Köche. Die schwarze Paste aus den Bauernhofküchen findet bis heute Zuspruch. Sie erinnert an Pflaumenmus oder rheinisches Apfelkraut und mundet nicht nur auf Toast, sondern zu Käse, in Eiscreme, Gebäck und sogar Wildsoßen.

KULINARISCHES LEXIKON

apple: Apfel
asparagus: Spargel

bacon: durchwachsener Speck
baked beans: weiße Bohnen-
kerne in Tomatensoße
bean jar: Eintopf mit weißen
Bohnen und Schweine-/Rind-
fleisch
beef: Rindfleisch
beet root: Rote Bete
biscuit: Keks
braised: geschmort
bread: Brot
bream: Brasse
brill: Butt
Brussels sprouts: Rosenkohl

cabbage: Kohl
cake: Kuchen
cauliflower: Blumenkohl
chanterelles: Pfifferlinge
cherries: Kirschen
chicken: Hühnchen
chips: Pommes frites
chop: Kotelett
cider, cidre: Apfelwein
clams: Venusmuscheln
cockles: Herzmuscheln
cod: Kabeljau
corn on the cob: Maiskolben
crab (meat): Krebs(fleisch)

cranberries: Preiselbeeren
cream (clotted): (dicke) Sahne
cucumber: Salatgurke

deep fried: frittiert
draught beer: Bier vom Fass
duck, duckling: Ente
dumpling: Kloß

egg: Ei
– **boiled egg:** gekochtes Ei
– **fried egg:** Spiegelei
– **poached egg:** pochiertes Ei
– **scrambled egg:** Rührei

French beans: grüne Bohnen
French fries: Pommes frites
fried: gebraten

game: Wild
garlic: Knoblauch
ginger: Ingwer
grapes: Trauben
gravy: Bratensoße
grilled: gegrillt

haddock: Schellfisch
hake: Seehecht
halibut: Heilbutt
haricot beans: weiße Bohnen
herbs: Kräuter
horseradish: Meerrettich

icecream: Speiseeis

jam: Marmelade

kidneys: Nierchen
kipper: geräucherter Hering

lamb (leg of): – Lamm(keule)
leek: Lauch, Porree
lemon: Zitrone
lentils: Linsen
lettuce: Kopfsalat
liver: Leber
lobster: Hummer
loin: Lendenstück

mackerel: Makrele
marmelade: Marmelade aus Zitrusfrüchten
meat balls: Fleischbällchen
meringue: Baiser
minced meat: Hackfleisch
monkfish: Seeteufel
mushrooms: Pilze
mussels: Miesmuscheln

onions: Zwiebeln
oysters: Austern

parsley: Petersilie
peach: Pfirsich
pear: Birne
peas: Erbsen
peppers: Paprikaschoten
pie: gefüllte Pastete (süß oder pikant)
plaice: Scholle

plums: Pflaumen
pork: Schweinefleisch
potato: Kartoffel
poultry: Geflügel
prawns: Krabben, Garnelen
pub grub: warmes Gericht

raspberries: Himbeeren
raw: roh
ray: Rochen
rib: Rippchen
roast: gebraten, Braten
roll: Brötchen

sausages: Würstchen
scallops: Jakobsmuscheln
seabass: Seebarsch
shellfish: Schalentiere
skate: Rochen
smoked: geräuchert
sole: Seezunge
sparkling wine: Schaumwein
spinach: Spinat
squid: Kalamares
steamed: gedämpft
stew: Ragout, Eintopf
stout: dunkles Bier
strawberries: Erdbeeren
stuffed: gefüllt
suckling pig: Spanferkel

trout: Forelle
turbot: Steinbutt
turkey: Truthahn

veal: Kalbfleisch
vegetables: Gemüse

Edle Krustentiere, alle Arten von Muscheln oder Schnecken sowie Fische aus lokalem Fang landen täglich frisch bei den Händlern auf dem Fischmarkt von St. Helier.

HUMMER, AUSTERN & CO.

Neptuns Garten Eden

An den Tagen der äquinoktialen Springtiden überraschen den uneingeweihten Besucher kleine Völkerwanderungen im Wattenmeer. Insulaner, ausgerüstet mit Spaten und Grabgabeln, ziehen dann an die Sandstrände und Felsenküsten. Sie gehen auf die Jagd nach **Herz-** und **Venusmuscheln**, **Wellhornschnecken** oder **Austern**. Stabförmige **Schwertmuscheln** fangen sie mit Salz, das sie auf ovale Löcher im Sand streuen, um den Tieren die Rückkehr der Flut vorzutäuschen, sodass sich diese an die Oberfläche schieben. Die **Garnelenfänger** schultern große Netze, als ob sie Schmetterlinge fangen wollten, und wer weit draußen im Watt mit langen Haken die Höhlungen am Fuß der Felsen untersucht, hat es auf **Hummer** und große **Krebse** abgesehen. Zu extremen Springtiden im Frühjahr und Herbst finden sich sogar Passionierte aus Frankreich ein.

Als Trüffel des Meeres gelten die **Seeohren** (*ormer*) aus der Familie der Abalone. In viktorianischer Zeit sammelte man sie zu Tausenden, nutzte ihre mit Perlmutt ausgekleideten Schalen zur Fertigung von Knöpfen, Kämmen und Einlegearbeiten. Das feste Fleisch köchelte über Stunden in einer Kasserole. Die Methode lässt moderne Küchenchefs erschaudern. Sie empfehlen das gesäuberte Fleisch zu klopfen und dünn zu schneiden. Kurz gebraten wie ein Steak zergeht es auf der Zunge. Seeohren dürfen heute nur in wenigen Wintermonaten um Voll- und Neumond gesammelt werden. Eine Seuche und Gier haben ihre Bestände gefährdet. Auf Speisekarten sind sie vollständig verschwunden. Wer Glück hat, ergattert sie bei einem Fischhändler des Vertrauens oder mit Kenntnis im Watt …

Das Schicksal der Überfischung ereilte auch die flache **Europäische Auster** *(Ostrea edulis)*. Noch bis Mitte des 19. Jahrhunderts landeten bis zu 250 Boote täglich das begehrte Schalentier in Jerseys Grouville Bay an. Etwa 2,3 Milliarden gingen jährlich nach Frankreich und England, bis zum Kollaps der Bestände in den 1860ern. Neue Popularität bescherten seit den 1960ern Frankreichs Chefs de Cuisine dem geschätzten Schalentier, genauer der **Pazifischen Auster** *(Crassostrea gigas)* – robuster und schnellwüchsiger als ihre europäische Verwandte.

An Jerseys Ostküste florieren seit den 1970er-Jahren die größten **Austernkulturen** der Britischen Inseln. Jährliche Ernte: gut 1000 Tonnen Pazifische Austern, mehr als in England, Wales und Schottland zusammen. Etwa anderthalb Jahre alt sind sie Delikatesse auf heimischen Speisekarten, zum Verkosten auch auf St. Heliers Fischmarkt oder bei Faulkner Fisheries (→ S. 105) in der St. Ouen's Bay zu finden – zum erschwinglichen Preis von etwa einem Pfund, serviert mit einer Zitronenspalte. **Herm-Austern** wachsen jetzt wieder im Bailiwick of Guernsey, im Geschmack ähnlich jenen aus Jersey. Wie beim Wein nach dem Terroir differenzieren Kenner bei der Auster nach ihrem *merroir*, d. h. ihrem Herkunftsgebiet, und beschreiben Duft, Körper, Salzigkeit und Umami. Goutieren Sie bei Jerseys Pazifischer Auster einen Hauch von Seetang, auf der Zunge den zarten Körper mit dem Aroma von grünem Holz, Gurke und der Frische von Zitronen; die Note im Abgang leicht metallisch bei ausgewogener Balance zwischen Umami und Salzigkeit.

Im gemütlichen Pferdetakt lernt man auf Kutschfahrten Sark kennen. Wer auch nach Little Sark
will, muss La Coupée zu Fuß überqueren.

UNTERWEGS AUF
DEN KANALINSELN

JERSEY

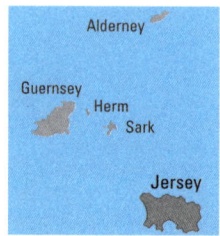

*Ländlich idyllisch und urban dyna-
misch – die größte der Kanalinseln
überrascht als ein Kosmos im Kleinen zwischen dramatischen Klippen
und weiten Sandstränden, urwald-
haft grünen Tälern, trutzigen Burgen, schmucken Häfen und einer
quirlig internationalen Hauptstadt.*

Berlin ist fast achtmal größer als Jersey, das auf 120 km² die
Heimat für gut 105 000 Menschen bietet. Ein Drittel von ihnen
wohnt in der Inselhauptstadt **St. Helier**. Landschaftlich ist Jersey die abwechslungsreichste der Channel Islands. Die Küstenszenerie wechselt zwischen Sandbuchten und jäh abfallenden
Felsen, weichen Dünentälern und felsübersäten Wattflächen.
Wie ein Spinnennetz überziehen die *green lanes* die Insel, führen zu stillen Gehöften, alten Wassermühlen und prächtigen
Gärten – ländliche Idyllen, wie man sie kaum vermutet.

Megalithische Denkmäler, Burgen und Herrenhäuser bezeu-
gen Jerseys Bedeutung über die Jahrtausende. Museen informie-
ren über Kultur, Geschichte und die Geografie des Archipels.
Neben gepflegten Parkanlagen zeigen in den Sommermonaten
Privatgärten ihre Blumenpracht. Ist die Küche auch französisch beeinflusst, so verrät der Lebensstil der Jerseyaner britischen Charakter: ein sympathischer Mix aus Traditionsbe-
wusstsein, Ungezwungenheit und Individualismus.

Jersey lebt von einem der zumindest optisch saubersten
Wirtschaftszweige der Welt: dem **Finanzwesen**. Aus in- und
ausländischen Fondsverwaltungen, Versicherungen, Geldanla-
gen und verwandten Aktivitäten stammen etwa 40 % des
Nationaleinkommens. Weitere Standbeine sind Bauwirtschaft,
Tourismus und das Dienstleistungsgewerbe. Der Anteil der
einst bedeutenden Landwirtschaft ist inzwischen auf 1,3 % ge-
sunken. Ihre wichtigsten Produkte sind Kartoffeln und Milch.

Mit seiner Errichtung zu Beginn des 13. Jahrhunderts wurde Mont Orgueil Castle über dem Hafen von Gorey ein Symbol für die Macht der englischen Krone.

ST. HELIER D6

Stadtplan → S. 64/65

33 500 Einwohner

Jerseys Hauptstadt ist eine verkehrsreiche, lebendige Kleinstadt mit schmucken Gebäuden aus dem 19. Jh. Hier stellen rund 40 Banken sowie Fonds- und Investmentgesellschaften Tausende Arbeitsplätze. Ein Spaziergang am **Jachthafen** entlang zum **Liberation Square** und durch die Fußgängerzone zu den Markthallen vermittelt das Flair von St. Helier.

Sehenswertes

1 LIBERATION SQUARE – WEIGHBRIDGE

Wo einst die Bahnlinie von Corbière endete und die Bauern ihre Waren vor dem Verschiffen zur öffentlichen Waage, der **Weighbridge**, brachten, wimmelt es nicht nur im Sommer von Menschen: Schulgruppen von der Fähre aus St-Malo belagern die Befreiungsskulptur für ein Selfie. Touristen orientieren sich auf ihrem Weg zum Busbahnhof um die Ecke, warten auf Reisebusse oder den Beginn einer Stadtführung. Und die Einheimischen treffen sich gern in einem der Terrassenrestaurants

SEHENSWERTES

1. Liberation Square und Weighbridge
2. Maritime Museum & Occupation Tapestry Gallery
3. Jersey Museum & Art Gallery
4. St. Helier Parish Church 〇
5. Royal Square
6. Charing Cross – Pitt Street
7. King Street – Queen Street
8. 16 New Street Georgian House
9. Viktorianische Markthalle und Fischmarkt
10. The Cows
11. Howard Davis Park
12. Havre de Pas
13. Elizabeth Castle

ÜBERNACHTEN

1. Pomme d'Or
2. Hotel de France
3. La Bonne Vie
4. Ommaroo Hotel

ESSEN UND TRINKEN

5. Bohemia Bar & Restaurant
6. The Lamplighter
7. The Cock & Bottle
8. Rosa's
9. Café Jac
10. Bean around the World
11. Café Spice

EINKAUFEN

12. The Spice House
13. Jane James
14. Jersey Pottery

ABENDGESTALTUNG

15. Blue Note Bar
16. Jersey Arts Centre
17. Jersey Opera House

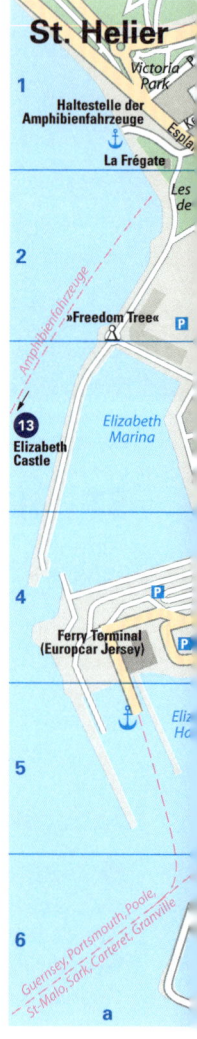

Parade
Cenotaph
Gardens
All Saints
General Hospital
General Don
Monument
States
Offices
Journeaux St.
Clare St.
Savile St.
Cannon St.
Devonshire Ln.
St.
Simon
St.
Thomas
Winchester
Vaux
Hall
St.
David Pl.
Ansley Rd.
Chevalier Rd.
Common Ln.
Oxford Rd.
L'Avenue et Dolmen
St. Saviours Rd.
Millenium
Park
Robin Pl.
Tunnel St.
Simon Pl.
Woodville Av
Opera
House
Seaton
Town Hall
Seale St.
Dumaresq St.
Charing
Cross
Jersey Financial
ices Commission
Central Post
Office
Union
Public Library
16 New Street
Georgian House
Burrard St.
Viktor. Markthalle und Fischmarkt
Minden
Minden Pl.
Phillips St.
Ann Pl.
Jersey Arts Centre
Victoria
College
Central
Market
The Cows
St. Peter St.
Brooklyn St.
St. Saviours Rd.
Hilgrove Ln.
Hilgrove
Queen St.
Snow
Hill
La Motte St.
Grosvenor St.
College
Jersey
Archive
Liberation
Station
Liberty
Wharf
Harbour
Police
Liberation
Square
Splash
Pool
Marina
Weighbridge
Place
Maritime Museum &
Occupation Tapestry
Gallery
Steam
Clock
Jersey Museum &
Art Gallery
Fort Regent
Leisure Centre
St. Helier
Parish Church
Royal Sq.
States
Offices
Le Breton Lane
St. James
Chapel Ln.
Don
Rd.
Colomberie
Green St.
Colomberie
Mont
Albert
Harbour
Old
Harbour
English
Harbour
Police
Station
Green
Street
Cemetery
Hastings Rd.
Clements Rd.
Cleveland Rd.
Howard
Davis
Park
St. Lukes
La Route du Fort
La Route du Fort
Helier
bour
French
Harbour
South Pier
Yacht Club
Victoria
Harbour
Marett Ct.
Havre des Pas Gardens
Groydon Rd.
Nelson Ave.
Cleveland Ave.
Dunell Rd.
Rd.
Havre des Pas
Rope Walk
Havre des Pas
Promenade
Le Dicq
Beach
Le Dicq Slipway
Station,
trol
a Pier
Normandy
Memorial
Public
Services
La Rue
Gosset
South
Hill Park
La Collette
Gardens
Bingham
Collette Walk
A4
Bathing
Pool
0   150 m
© MERIAN-Kartographie

Am Morgen des 9. Mai 1945 versammelten sich auf dem heutigen Liberation Square Tausende Menschen, um die britischen Befreiungstruppen zu begrüßen.

oder reihen sich ein in die Schlange an der Jersey-Dairy-Bude, um das Leben mit einer Jersey Ice Cream zu versüßen.

Architektonisch dominieren die moderne Erweiterung des **Royal Yacht Hotels** sowie das ehemalige Bahnhofsgebäude und das **Hotel Pomme d'Or**. In Letzterem logierte 1852 Victor Hugo. Am 9. Mai 1945 jubelten auf dem Platz die Einheimischen den Soldaten der britischen Befreiungstruppen zu. An der alten Hafenmeisterei neben dem Bahnhof sowie auf dem Balkon des Pomme d'Or hissten die Tommies den Union Jack. Im Zeichen des Friedens wird dieser Akt alljählich am 9. Mai, dem Liberation Day, in einer öffentlichen Feierstunde wiederholt.

Der Bildhauer Philip Jackson schuf 1995 das **Monument of Freedom** zum 50. Jahrestag der Befreiung. Ursprünglich sollten Tauben aus den Händen der Figuren flattern. Doch die Insulaner begegneten dem ersten Entwurf mit dem Einwand, dass zum Ende der Besatzungszeit alle Tauben der Insel längst gegessen waren. So steigt heute eine bronzene Union Flag aus den Händen der Figuren auf – eine Familie vom Land, ein Paar aus der Stadt, ein Landarbeiter und ein Soldat, alle symbolhaft für die leidgeprüfte Bevölkerung der Insel. Rundherum sprudeln zwölf Fontänen und repräsentieren die zwölf Gemeinden.

Wo es früher zu den Gleisen ging, spaziert man heute in das Einkaufszentrum **Liberty Wharf**, das auch Gebäude des vormaligen Schlachthofs nutzt. Eine Fotodokumentation im Patio zeigt die Entwicklung: Bahnhof 1870 bis 1936, dann Drehscheibe des Busverkehrs auf der Weighbridge und nun ein lebhafter Platz für die Menschen im Gedenken an Freiheit und Frieden.

Im Osten schiebt sich als majestätischer Felsriegel der **Mont de la Ville** ins Meer. 1708 entstanden an exponierten Punkten der Insel die ersten drei Signalstationen, um vor Feinden zu warnen, eine davon auf dem »Berg der Stadt«. Ab 1806 sollte dort das neue **Fort Regent** die Verteidigung von Hafen und Stadt sichern. Die Signalstation diente nun auch der Handelsschifffahrt: Schiffe kommunizierten mit Flaggen mit ihrer Reederei, und entsprechend wurde deren Hausflagge auf dem Mont de la Ville aufgezogen – sichtbar für alle Lagerhäuser, die im obersten Stock einen Ausguck besaßen. 1861 wurden Wetterwarnsignale eingeführt: Kegel und Ball heißt, Wind mit sechs bis sieben Beaufort ist vorhergesagt, ohne Ball droht Sturm.

Während des Zweiten Weltkriegs hatten die Deutschen Fort Regent u. a. als Artilleriedepot genutzt. Ein eher trübseliges Dasein fristete die Anlage danach als Fahrzeugschrottplatz und Kohlelager. Das Blatt wendete sich erst 1958. Für 14 500 £ kauften die States of Jersey Land und Mauern von der Krone, um dort ein Sportzentrum mit Kongresshalle zu bauen.

Wer den Ausblick auf den Hafen und St. Helier genießen möchte, nimmt am besten den Fußweg, der kurz vor dem Parkhaus in der Pier Road bergwärts führt (auch über einen Aufzug im Parkhaus und danach Rolltreppen zu erreichen).

❷ MARITIME MUSEUM & OCCUPATION TAPESTRY GALLERY

Das Meereskundliche Museum widmet sich der Seefahrtsgeschichte der Inseln. Nicht nur für Kinder bietet es unterhaltsame Stunden, um sich interaktiv mit Gezeiten, Schiffbau, dem Leben der Seeleute und Legenden zu beschäftigen. Die Occupation Tapestry Gallery umfasst zwölf Bildteppiche im Format 1,82 x 0,86 m, die in den zwölf Gemeinden zum 50. Gedenktag der Befreiung 1995 gestickt wurden. Sie thematisieren das entbehrungsreiche Leben der Einheimischen während der Besatzungszeit. Ein dreizehnter Teppich, gestickt in allen Gemeinden, ergänzt seit 2017 das Ensemble mit Motiven der Befreiung.

New North Quay | www.jerseyheritage.org | Mitte März–Okt. tgl. 10–17, sonst So 10–16 Uhr | Eintritt 10,60 £

❸ JERSEY MUSEUM & ART GALLERY

In einem Lagerhaus aus dem 18. Jh. sowie dem Haus eines viktorianischen Kaufmanns präsentiert das Museum modern und vielseitig die Kulturgeschichte der Insel, ihren Alltag und das Wirtschaftsleben in vergangenen Jahrhunderten. Einen idealen Einstieg für Besucher vermittelt das 20-Minuten-Video im Erdgeschoss (alle 90 Min. mit deutschen Untertiteln). Einzigartige Luftaufnahmen und Erklärungen werfen Schlaglichter auf die Epoche machenden Schauplätze und Ereignisse.

Der auf Jersey geborenen Schauspielerin **Lillie Langtry** (1853–1929, → S. 70) begegnet man mehrfach im Treppenaufgang. Opulent funkelt ihr Beautycase: ein wahrer Schrankkoffer, überquellend mit silberbelegten Bürsten, Kämmen und Flakons, Statussymbol einer arrivierten Frau. Für Furore hatte sie in einem schlichten schwarzen Kleid gesorgt, wie sie es auf Sir John Everett Millais' Porträt aus dem Jahr 1878 trägt, jugendlich scheu, doch ambitioniert, einen Fuß in Londons Society zu setzen. Sir Edward Poynters hingegen bannte im selben Jahr eine glamouröse Mrs. Langtry auf Leinwand.

Das Panorama der ständigen Ausstellung in der ersten Etage reicht von den Neandertalern bis in die Gegenwart. Die Kunstgalerie stellt u. a. die surrealistische Fotografin **Claude Cahun** (→ S. 20) vor. Im zweiten Obergeschoss wechseln die Exponate. Dort liegt der Übergang zum Merchant House. Flackernde Lampen hüllen, wie einst die Gasbeleuchtung, die ausgesucht möblierten Salons und Schlafräume in ein gedämpftes Licht. Leise knarzt das Parkett, man taucht ein in eine Welt von Wohlhabenheit: in das Leben einer Handelsfamilie des 19. Jh.

The Weighbridge | www.jerseyheritage.org | Mitte März–Okt. tgl. 10–17, sonst 10–16 Uhr | Eintritt 10,60 £

Aus einer dem hl. Helier geweihten Kapelle unweit des Marktes entwickelte sich die anfangs katholische, jetzt anglikanische Pfarrkirche ab dem 11. Jahrhundert.

❹ ST. HELIER PARISH CHURCH

Einst lag die Pfarrkirche (11./14. Jh.) mit ihrem Friedhof fast unmittelbar am Meer. Seit der Reformation ist ihr gotischer Innenraum schlicht, abgesehen von Gedenktafeln aus dem 18./19. Jh. und den Buntglasfenstern, die wohlhabende Familien im 19. Jh. stifteten. Als der Kirchenraum im 14. Jh. nicht mehr ausreichte, hatte man eine Außenwand geöffnet und ein zweites Kirchenschiff angefügt. **Major Peirson**, der Held der »Battle of Jersey« (1781), liegt in der Vierung der Kirche begraben, seinem Kontrahenten **Baron de Rullecourt** gedenkt eine winzige Steinplatte im Gras gegenüber dem Haupteingang.

IM VORBEIGEHEN ENTDECKT

STILLES GEDENKEN

Auf dem **Friedhof** der St. Helier Parish Church sind die meisten Grabsteine verschwunden, nur in einer Ecke liegen fußballgroße Steine, zu erkennen darauf etwa die Jahreszahl 1755 unter MDS SDS. Waren es Marie De Saone und Simon De Saone, deren Familie sich nur einen Stein vom Strand als Grabstein leisten konnte? Mitglieder der Société Jersiaise versuchen mittels alter Kirchenbücher die Identität der so schlicht Beigesetzten zu finden.

Lillie Langtry, die elegante Mätresse des Kronprinzen

Eigentlich hieß sie **Emilie Charlotte Le Breton**, wurde aber von allen »Lillie« genannt – geboren 1853 in St. Saviour, Jersey. Der Vater Dekan der anglikanischen Kirche, die Mutter ambitioniert, ihre Tochter in die Londoner Gesellschaft einzuführen. Eine Jugend voller Streiche mit sechs Brüdern. So geht eine geteerte und gefederte Statue Georgs II. auf dem Royal Square in St. Helier auf das Konto der jugendlichen Pfarrhaustruppe. Lillies Glück: Sie kann am Unterricht ihrer Brüder teilnehmen, zeigt Sprachtalent und Interesse für Geschichte und Politik – ungewöhnlich für Frauen in viktorianischer Zeit.

Ein erster Aufenthalt in London lässt deutlich werden, dass dem Teenager Lillie die Finesse fehlt, um sich bei Einladungen souverän bewegen zu können. Zu provinziell ist ihre Kleidung, ungelenk ihr Umgang mit der Vielzahl an Gläsern und Besteck bei Tisch. Zu Hause verbietet ihr der Vater den Umgang mit einem Jungen. Lillies Jugendliebe war ihr Halbbruder. Eines von mehreren Halbgeschwistern … Wie Lillie später eingesteht, gründete sich die Sympathie für Ehemann **Edward Langtry** auf die Aussicht, zwanzigjährig mit dem wohlhabenden Witwer und seiner Luxusjacht dem provinziellen Jersey entfliehen zu können. In Southampton erkrankt Lillie an Typhus. Sie kann ihren Arzt schließlich dazu überreden, zur Genesung einen Umzug nach London zu empfehlen.

In Trauer um ihren jüngeren Lieblingsbruder trägt sie bei einer Soirée von Lord Ranelagh ein strenges schwarzes Kleid, die Haare zu einem schlichten Knoten im Nacken gesteckt. Und plötzlich fliegt ihr das Interesse der Männerwelt zu. Es regnet Einladungen. Der **Langtry knot** avanciert zum Modetrend. Zeichnungen von Frank Miles finden als Postkarten reißenden Absatz. 1877 wird Lillie die Geliebte des **Kronprinzen Edward**. Er lässt ihr ein Haus in Bournemouth bauen und drängt seine Mutter, bei einer Audienz auch Lillie zu empfan-

Das für Luxusroben bekannte Modehaus Worth fertigte das Kostüm für Lillie Langtry in ihrer Rolle als Mrs. Trevelyan im Bühnenwerk »The Degenerates« (1899).

gen. Provokant trägt diese drei weiße Straußenfedern, das Symbol des Kronprinzen, im Haar. Wen wundert's, dass Königin Victoria den Auftritt mit äußerster Kühle quittiert.

Als Sarah Bernard beim Kronprinzen das Rennen macht, beginnt eine schwierige Zeit für Lillie. Die finanziellen Mittel ihres Noch-Ehemanns versiegen. Von Edwards Neffen, dem deutschen Prinzen **Louis von Battenberg**, erwartet sie – so das Gerücht – ein Kind, das sie im März 1881 heimlich in Paris zur Welt bringt. Zurück in Bournemouth gibt sie Jeanne Marie als die Tochter einer verarmten Verwandten aus. Auf Anraten von Oscar Wilde beginnt Lillie mit Schauspieltruppen aufzutreten. 1882, ein Jahr nach ihrem Debüt in London, wird ihre USA-Tournee zum Kassenschlager. Ein Verehrer schenkt ihr einen Eisenbahnwaggon, Richter Roy Bean benennt eine Stadt nach ihr. Ihre Gagen jagen in die Höhe. »Beautiful Lillie« beginnt in den 1890er-Jahren Pferde zu züchten und auf der Rennbahn zu gewinnen. Und sie betreibt ein Weingut in Kalifornien.

Als Multimillionärin und seit 1897 Staatsbürgerin der Vereinigten Staaten kehrt sie nach Europa zurück. 1899 heiratet sie den weit jüngeren **Hugo de Bathe** und lässt sich während des Ersten Weltkriegs in Monaco nieder, wo sie 1929 stirbt. Begraben ist sie auf dem Friedhof der St. Saviour's Church in Jersey, nur wenige Meter von ihrem Elternhaus entfernt.

Vielfältiger als in vielen britischen Städten lockt die abwechslungsreiche Palette der Geschäfte in St. Heliers King Street zum ausgedehnten Einkaufsbummel.

⑤ ROYAL SQUARE

Der ehemalige Marktplatz gleicht einem historischen Schaufenster: Zweimal wurde Charles II. im 17. Jh. hier zum König ausgerufen. Zwischen kugeligen Kastanienbäumen erinnert die **Statue von George II.** von 1751 an ein königliches Geschenk von 200 £ für den Ausbau des Hafens. 1781 besiegten auf dem Platz in der »Battle of Jersey« englische Truppen französische Invasoren. Das Musketenfeuer tötete nicht nur die Feldherren beider Armeen, Major Francis Peirson und Baron de Rullecourt. Es hinterließ Spuren am königlichen Denkmal, die man bei Restaurierungsarbeiten entdeckte, sowie am Gebäude des **Peirson Pub**, seinerzeit das Haus des Arztes, dem man den sterbenden De Rullecourt anvertraute. Viele Füße treten täglich das Pflaster und Gedenksteine, z. B. für das 60-jährige Kronjubiläum von Elizabeth II. oder für das Rot-Kreuz-Schiff »Vega«, das 1944/1945 Hunderttausende Care-Pakete brachte. Das »V« für Churchills »Victory«-Zeichen hatte ein Pflasterunternehmen zum Ende der Besatzungszeit gelegt – heimlich und bis Kriegsende verborgen unter Sand und der Bauhütte der Arbeiter.

In den Gebäuden auf der Ostseite tagen Parlament und Gericht. Stolz prangt das königliche Wappen über dem Portal zur

Justizkammer. Eine Büste ehrt **Sir Alexander Coutanche**, Jerseys Bailiff während der Besatzungszeit, neben einem Eingang zu den Arbeitsräumen der Parlamentarier (einst Bibliothek).

An der Ostseite des Platzes sitzt man herrlich in den Pubs mit luftigen Plätzen in der Sonne. Gegenüber strebt zwischen dem früheren Kornmarkt (heute Union Club) und der vormaligen Militärpolizeistation die Broad Street stadtauswärts.

❻ CHARING CROSS – PITT STREET

Im 17. Jh. waren es auf der Grande Rue (Broad Street) keine 150 m bis zum Stadttor mit dem Gefängnis, jenseits davon erstreckten sich Sandflächen und Marschlandschaft. 1811 wurde das Gefängnis abgerissen, denn es stand General Dons Plänen für ein effizientes Straßennetz zur Truppenbewegung im Wege. Die alte Stadtgrenze markiert der Platz **Charing Cross**, wo seit dem Jahr 2004 eine behäbige Kröte, Lé Bouân Crapaud, auf einer Granitsäule hockt. Zu lesen sind darauf Auszüge aus dem Code Le Geyt, dem Strafgesetzbuch von 1698.

Bei Charing Cross beginnt die enge **Pitt Street**. Der Neubau des Hotels und Supermarkts an der Ecke setzte Mittel frei, sodass die vom Abriss bedrohten Altbauten am Ende der Gasse renoviert werden konnten. Farblich aufgefrischt lauscht der Hund Nipper wieder den Klängen des Grammofons von His Master's Voice, wo im 19. Jh. Francis Foot einen Laden für Musikwiedergabegeräte führte. Künstlerische Akzente setzt Ian & Ruth Rolls' Pitt Stream Gallery in dieser lange vergessenen Ecke der Stadt.

❼ KING STREET – QUEEN STREET

Wann La Rue de Derrière, die unbedeutende »hintere Straße«, zu ihren königlichen Ehren kam, ist nicht gesichert. Aller Wahrscheinlichkeit nach in der Zeit von 1760 bis 1820, als George III. und Königin Charlotte regierten und die Stadt durch den Zuzug von pensionierten englischen Offizieren wuchs. Zwischen Charing Cross und Snow Hill schieben sich heute die Einkaufslustigen durch die im Sommer blumenbunte Fußgängerzone. Auch ohne Kaufinteresse lohnt sich ein Blick in die schöne viktorianische Arkade von **De Gruchy** (50–52 King St.).

8 16 NEW STREET GEORGIAN HOUSE

Wenn die gemütliche Köchin in der Küche werkelt, erwacht das Haus eines Notars und Juristen in einer Seitenstraße der King Street zum Leben. Um das Jahr 1730 entstand es, umgeben von Obstgärten, am Rand der Stadt. Als St. Helier wuchs, verschwand das Grün. Das Gebäude, das als Nähatelier von De Gruchy heruntergekommen und vom Abriss bedroht war, konnte dank einer millionenschweren Erbschaft des National Trust saniert werden. Ein Video im Obergeschoss ergänzt die Ausführungen der Köchin über die Geschichte der Bewohner. Unter anderem traf sich im holzgetäfelten Salon der Liberty Gentlemen's Club, für dessen heftig qualmende Mitglieder ein eigenes Lüftungssystem installiert worden war.

16 New St. | www.nationaltrust.je | April–Okt. Mi–Fr 10–16 Uhr, Mitte Nov.–Weihnachten nur Sa | Eintritt 6 £ | mit Museumsshop

9 VIKTORIANISCHE MARKTHALLE UND FISCHMARKT

Ein architektonischer wie optischer Höhepunkt ist die **Markt-halle** aus dem Jahr 1881. Rund um einen romantischen Brunnen wetteifern zwischen gusseisernen Säulen Blüten, Früchte und Gemüse um die Gunst der Käufer. Es duftet aus diversen Garküchen, und es locken Stände für Käse, Backwaren und Delikatessen mit dem Etikett Genuine Jersey.

Jenseits der Beresford Street liefern die Fischer den Reichtum des Meeres an die Stände des **Fischmarktes**: Austern, Hummer, Meeraale, Rochen, Plattfische, Barsche. Fischbrötchen haben keine Tradition in der britischen Küche, dafür Fish & Chips, das diverse Lokale rund um die Märkte auftischen.

Halkett Place/Beresford St. | Mo–Sa 7.30–17.30, Do bis 14.30 Uhr

10 THE COWS

Jersey Cows in der Stadt? Tausende Menschen reiben seit der Enthüllung der Mini-Herde im Jahr 2001 die Mäuler und Hörner der schönen Tiere und tätscheln die kleine Kröte – wieder ein Crapaud – zu Füßen des Kälbchens bei der Tränke. Die Skulpturengruppe entstand zum 50. Jahrestag des Bestehens des

Die schmucke viktorianische Architektur der Markthalle steigert das Shopping-
vergnügen an den attraktiven Ständen mit allerlei kulinarischen Genüssen.

Internationalen Züchterverbands von Jersey-Kühen (→ S. 76).
Bildhauer John McKenna verbrachte Monate auf diversen Hö-
fen, um Tonmodelle als Vorlage für die Skulpturen zu formen.

⓫ HOWARD DAVIS PARK

Rasen betreten erwünscht: ein Sprung an den Ostrand von
St. Helier, wenngleich nicht außerhalb der Bebauung, die naht-
los in die Gemeinden St. Saviour und St. Clement übergeht.
George V. begrüßt die Besucher am Haupteingang. Über Jahre
war er der erbitterte und dennoch befreundete Gegner von
Thomas Benjamin Davis (1867–1942) in den Regatten von
Cowes bei der Isle of White. T. B. Davis stammte aus dem na-
hen Werftenviertel Havre Pas, sein Vater war ein einfacher Fischer und Schiffszimmerer. Mit 15 begann seine Karriere in
der Seefahrt, die er millionenschwer als *stevedorer* an Afrikas
Ostküste vollendete. Sein Unternehmen für das Beladen und
Löschen von Schiffen war in allen Häfen zwischen Durban
und Daressalam vertreten. Jersey blieb er immer verbunden,
wo er als Junge mit einem Freund in den Garten des Juristen
Joshua G. Falle gestiegen war, um Kastanien zu holen. Als Stra-
fe musste Davis im Keller Falles Stiefel putzen und drohte,
wenn er einmal reich sei, La Plaisance dem Erdboden gleich-
zumachen. Er stand zu seinem düsteren Versprechen, als er

Nicht allein die Milchqualität und Schönheit der Tiere zeichnen die Jersey Cows aus. Züchter schätzen zudem ihren friedvollen, freundlichen Charakter.

STECKBRIEF FÜR EINE SCHÖNHEIT

Die Jersey Cow

»Der Kopf wie ein Rehkitz, sanfte Augen, elegant gebogene Hörner, kleine Ohren, ein klarer Nacken und Hals, feingliedriger Knochenbau, ein schlanker Schwanz und vor allem ein wohlgeformtes großes Euter mit guter Beäderung« – so 1844 die Kriterien für eine gute Jersey Cow in einem Artikel von John Le Couteur. Elf Jahre zuvor war er einer der Gründer der **Royal Jersey Agricultural & Horticultural Society** (RJAHS) mit dem Ziel, die Subsistenzwirtschaft erwerbsorientierter zu gestalten.

Kühe hatte es in Jersey immer gegeben, in grauer Vorzeit von Frankreich her eingeführt. Mit dem Vorteil der Zollfreiheit wurden sie ab Mitte des 18. Jahrhunderts nach England exportiert, dort beliebt als sogenannte *lawn-cows*, also Rinder, die auf den Weiden der Herrenhäuser hübsch aussahen und dabei noch sahnige Milch lieferten. Es ist eine Ironie des Schicksals, dass Jerseys 1763 erlassenes **Einfuhrverbot** für Kühe aus dem Nachbarland in erster Linie unlautere Machenschaften gewitzter Händler beenden sollte. Sie hatten Tiere aus Frankreich für einige Wochen auf die Insel gebracht und dann in England einen vier- bis fünffach höheren Preis erzielt.

Trotz erster selektiver Zuchterfolge in Hinblick auf Milchleistung ab 1790, bringt schließlich die RJAHS den Ball ins Rollen, definiert Kriterien für den Körperbau der »Jersey«. Man wünscht unter anderem einen geraden Rücken und gerade, gut bemuskelte Hinterbeine, die das voluminöse Euter tragen können. Schönheit und Nutzen sollen zusammenspielen. Mitte des 19. Jahrhunderts entwickelt sich der US-amerikanische Markt, wohin die Kühe vorher nur vereinzelt als Milchlieferanten während der Seepassage der Fischer und Händler gelangt waren. Das Geschenk von drei Jersey-Rindern an Königin Victoria im Jahr 1847 bildete den Grundstock der **königlichen Jersey-Herde**, die heute in Windsor Castle 165 Tiere zählt.

1866 führt die RJAHS ein Zuchtbuch *(herd book)* ein, da vor allem in England der Trend zu einer Abgrenzung einzelner Rassen geht. »Daisy« aus St. Clement und »Dandy« aus St. Martin kommt die Ehre des ersten Eintrags zu. Kuh ist eben nicht gleich Kuh, und eine Jersey Cow sollte auch nicht mit der etwas kräftigeren, rot-bunten Guernsey Cow verwechselt werden.

Jersey-Kühe sind inzwischen – nach dem Holstein-Rind – die weltweit meistverbreitete Milchviehrasse, von Jersey bis Neuseeland, Südafrika und Südamerika. Sie sind tropentauglich, haben harte dunkle Hufe und geben eine exzellente Milch mit im Durchschnitt 5,4 Prozent Butterfett, das heißt 25 Prozent mehr als bei der Holstein-Milch, 18 Prozent mehr Protein und 20 Prozent mehr Kalzium. Der hohe Gehalt an Beta-Carotin verleiht der Butter die attraktive gelbliche Farbe. Im Vergleich zu einer Holstein-Kuh rund 20 bis 30 Zentimeter kleiner, ist die Jersey zudem effizienter, das heißt, sie benötigt weniger Futter gemessen an der Milchleistung (ca. 7000 kg/Jahr).

Zum 50-jährigen Bestehen des internationalen Jersey-Züchterverbandes entstand 2001 in St. Helier ein schönes Denkmal mit lebensgroßen **Skulpturen** einiger Tiere (→ S. 74). In der Heimat der Jersey-Kuh liefern 14 Höfe mit jeweils zehn bis 400 Tieren, das sind insgesamt rund 2500 Kühe, Milch für den internationalen Markt, H-Milch geht sogar bis nach China. Erst seit 2008 ist zur Auffrischung des Genpools die Einfuhr von Samen aus streng kontrollierten Zuchtbetrieben erlaubt.

den Besitz von Falles Tochter kaufte. Erhalten blieb der Billard-
saal, wo eine Ausstellung den Hintergrund der Stiftung von
1939 erzählt – La Plaisance als Geschenk an die Bevölkerung
von Jersey zu Ehren von Davis' jüngstem Sohn Howard. Er war
1916 in der Schlacht an der Somme gefallen, und T. B. Davis
brachte Howards Erbteil in Stiftungen vor allem in Jersey ein.
Finden auf dem Rasen im Sommer Open-air-Film- und Mu-
sikveranstaltungen statt, so ist der Rosengarten ein stiller Ort.

⑫ HAVRE DE PAS

Der Bau der Eastern Railway nach Gorey Ende des 19. Jh.
brachte dem Hafenviertel einen ungeahnten Aufschwung. Es
wandelte sich zu einer Sommerfrische, deren Häuser entlang
der Promenade noch mit verschnörkelter Gusseisenzier prun-
ken. Ab 1852 hatte **Victor Hugo** (→ S. 142) dort für drei Jahre
in einem Strandhaus gelebt (nicht erhalten). 1895 feierte der
Swimming Club die Eröffnung des bis heute populären Pools,
der bei Ebbe einen kostenlosen Badespaß gewährt.

Lawrence von Arabien, bürgerlich Thomas E. Lawrence
(1888–1935), kam als Kind mehrfach mit seiner Familie in das
Haus mit den blauen Fensterläden an der Straße zu Mount
Bingham (Gedenktafel). Er studierte Archäologie in Oxford
und wurde bekannt als britischer Offizier und Diplomat auf
der Arabischen Halbinsel während des Ersten Weltkriegs.

⑬ ELIZABETH CASTLE

Auf zwei Felseninseln westlich der Hafeneinfahrt von St. Helier
steht eine der eindrucksvollsten Burgen der Kanalinseln. Sie sollte Mont Orgueil Castle als Hauptfestung ablösen, als im 16. Jh.
die Reichweite der Geschütze maßgeblich zunahm. Sir Walter
Raleigh, Gouverneur von 1600 bis 1603, ließ mit energischer
Hand die Ende des 16. Jh. begonnenen Bauarbeiten fortführen
und benannte das Fort nach »seiner« Königin, Elizabeth I. Die
zum Museum umgebauten **Kasernen** dokumentieren das Leben von Soldaten und Offizieren sowie die Entwicklung der
Festung über die Jahrhunderte, vom alten Kern auf dem höchsten Punkt bis zu den Bunkerbauten im Zweiten Weltkrieg. Die

Auf dem Paradeplatz von Elizabeth Castle ließ während des Englischen Bürgerkriegs ein Geschoss die als Arsenal genutzte Klosterkirche in die Luft fliegen.

Burg ist über eine Mole mit dem **Hermitage Rock** verbunden. Hier lebte um das Jahr 550 der Eremit Helerius (→ S. 28).
Amphibienfahrzeuge zur Burg ab Esplanade (neben La Frégate Café), bei Ebbe Dammweg begehbar (Zeiten am Kiosk) | www.jerseyheritage.org | Mitte März–Okt. tgl. 10–17.30 Uhr | Eintritt 15,65 £, Heritage Pass

Übernachten

Selfcatering im Trend
FERIENWOHNUNGEN

Ferienwohnungen und kleine Häuser für Selbstversorger liegen im Trend und stehen auf allen Inseln zur Verfügung. Ein breites Spektrum an Unterkünften vermitteln die folgenden beiden Agenturen:
– Freedom Holidays (auch für Jersey Heritage Lets) | Tel. 72 52 59 | www.freedomholidays.com
– Macole's Selfcatering | Tel. 48 81 00 | www.macoles.com

Räume mit Geschichte
JERSEY HERITAGE LETS

Die historischen Unterkünfte verströmen das Flair vergangener Zeiten und verwöhnen zugleich mit dem Komfort anspruchsvoll ausgestatteter Ferienwohnungen, z. B. Elizabeth Castle bei St. Helier, der Radio Tower aus dem Zweiten Weltkrieg nahe Corbière Point, Apartments im Museumsgut Hamptonne sowie Festungsbauten des 18. und 19. Jh. wie Archirondel Tower nördlich

Im Cock & Bottle, einer Institution für Biergenuss am Royal Square, gilt »nomen est omen«, denn das Bier sprudelt aus dem Zapfhahn oder der Flasche ins Glas.

von Gorey. Seymour Tower, 1,5 km vor La Rocque Harbour im Meer gelegen sowie andere Wachtürme haben eine zweckmäßige Einrichtung. Jersey Heritage | Tel. 63 33 04 | www.jerseyheritage.org/holiday | Buchung wochenweise oder für zwei, drei Tage, Seymour und La Rocco Tower für 24 Std. inkl. Führer; frühzeitige Reservierung empfohlen | €€–€€€

① Wo schon Victor Hugo logierte
POMME D'OR

Vier Sterne verdienen nicht nur Ausstattung und Küche, sondern vor allem der zuvorkommende Service des zentral gelegenen Traditionshotels. Beliebt sind das Meeresfrüch-

tebüfett freitags, sonntagmittags der Braten *(the carvery)*. Liberation Sq. | Tel. 88 01 10 | www.seymourhotels.com | 143 Zimmer | €€€

② Gediegen
HOTEL DE FRANCE

Imposanter Bau im Stil eines Kurhotels mit Blick über die Stadt. Restaurantterrasse, Vier-Sterne-Komfort, großer Pool und Ayush Wellness Spa. St. Savior's Rd. | Tel. 61 40 00 | www. defrance.co.uk | 129 Zimmer | €€€

③ Viktorianischer Charme
LA BONNE VIE

In diesem um 1890 erbauten Stadthaus entstand eine romantisch möblierte Pension

mit kleinem Garten. Nah zum Meer sowie zum Zentrum.
Roseville St. (Havre des Pas) | Tel. 73 59 55 | www.labonnevie guesthouse.com | 10 Zimmer | €

④ *Das Meer hautnah*
OMMAROO HOTEL

Das ideale Ambiente, um zu entspannen: das Meer nur einen Steinwurf entfernt, die Räume in hellen, frischen Farben, eine abwechslungsreiche Küche, die ihre Zutaten vorwiegend von lokalen Produzenten bezieht. Qualität seit mehr als 100 Jahren.
Havre de Pas | Tel. 72 34 93 | www. ommaroo.com | 82 Zimmer | €€

Essen und Trinken

⑤ *Tempel der Gourmets*
BOHEMIA BAR & RESTAURANT

Seit Jahren hält das kreative Küchenteam einen strahlenden Michelin-Stern. Probieren Sie heimischen Fisch wie Steinbutt oder Goldbrasse und die himmlischen Desscrts. Wundervolle Dachterrasse für den *afternoon tea*.
Green St. | Tel. 88 05 88 | www. bohemiajersey.com | Mo–Sa 12–14.30, 18.30–22 Uhr | mittags €€, abends €€€€

⑥ *Ale, Lager, Bitter …*
THE LAMPLIGHTER

Geht es um Rugby oder Fußball, ist man in dem Traditionspub schnell mit dem Nachbarn im Gespräch. Kosten Sie ein Liberation Ale von der Insel – oder spritzigen Cider.
9 Mulcaster St. | Tel. 72 31 19 | tgl. 11–23 Uhr

⑦ *Pubklassiker*
THE COCK & BOTTLE

Preiswerte Option für ein Mittagessen in einem über 200 Jahre alten Gasthaus. Im Sommer Tische im Freien, beliebt zum Feierabendbier.
Royal Sq. | Tel. 72 21 84 | Küche Mo–Sa 12–17, So bis 16 Uhr, Bar Mo–Sa 10.30–23, So ab 11 Uhr

⑧ *Fischers Fritz …*
ROSA'S

Lust auf Meeresfrüchte? Das winzige Lokal am Eingang zum Fischmarkt erfüllt höchste Ansprüche – ob Hummer, Seebarsch oder Steinbutt.
Beresford St. (Fish Market) | Tel. 72 95 59 | Mo–Sa 12–14, 18–21 Uhr

⑨ *Kreativ und preiswert*
CAFÉ JAC

Das Café-Restaurant des Arts Centre überzeugt mit seinem legeren Ambiente und der frischen Marktküche. Morgens gibt's köstliches Frühstück. Abends reservieren!

Philipps St. | Tel. 87 94 82 | www. cafejac.co.uk | Mo–Fr 7–20, Bar bis 23, Sa 8–14.30, Bar bis 20 Uhr | €

⑩ *Einladend*
BEAN AROUND THE WORLD

Kaffees edler Sorten, süße Leckereien ebenso wie herzhafte Snacks verlocken zum Stopp während des Stadtrundgangs in diesem jungen Café.

73 Halkett Pl. | Tel. 61 99 77 | Mo–Fr 7–21, Sa, So 7.30–19 Uhr

⑪ *Indisch elegant*
CAFÉ SPICE

Abdul Samid offenbart die Kunst, mit Gewürzen wahrhaft zu zaubern. Und: indisch heißt nicht zwangsläufig feurig scharf. Auch Take-away.

53 Kensington Pl. | Tel. 73 73 77 | www.cafespicejersey.com | tgl. 12–14, 18–23 Uhr | €€

Einkaufen

⑫ *Die Adresse für geschmackvolle Souvenirs*
THE SPICE HOUSE

Gut sortierter Laden für Gebäck, Chutneys, Marmeladen, Alkoholisches von La Mare, Lavendelprodukte, Tees, hübsche Tassen und Untersetzer.

Central Market | Mo–Sa 9–17, Do bis 14 Uhr

⑬ *Gestrandet*
JANE JAMES

Inspiriert von ihren Strandspaziergängen kreiert die Keramikerin Fische, Vögel oder Strandhütten in heiteren Farben – Andenken, die gut das Flair der Insel einfangen.

www.jane-james.com

– 51 Central Market, Halkett Pl. | Tel. 73 80 55 | Mo–Mi, Fr, Sa 9.30–17, Do bis 14 Uhr

– 20 Commercial Buildings | Tel. 63 08 49 | Mo–Sa 9.30–16 Uhr

⑭ *Zerbrechliches*
JERSEY POTTERY

Fische, Muscheln, Kühe, Blüten … naturalistisch, kariert oder als abstrahierte Motive zieren sie schmucke Porzellan- und Keramikerzeugnisse. Kleine Dekoartikel ergänzen das Geschirrsortiment dieses netten Ladens.

43 Halkett Pl. | Mo–Sa 9–17 Uhr

Abendgestaltung

Mit einer Reihe lebendiger Terrassencafés und Restaurants ist der Platz **The Weigh-**

bridge nahe dem Hafen ein beliebter Treffpunkt in den Abendstunden. Dort gibt es auch einige Bars und Pubs.

⑮ *Coole Adresse*
BLUE NOTE BAR
Eine beliebte Bar, deren Live-bands immer ihr Publikum haben. Im Sommer sitzt man auf der kleinen Terrasse, um das bunte Treiben in der Fuß-gängerzone zu beobachten.
5 Broad St. | Tel. 73 37 93 | tgl. 10–23 Uhr

⑯ *Bunte Palette*
JERSEY ARTS CENTRE
Kulturzentrum mit Veranstal-tungen von Klassikkonzerten bis hin zur Avantgarde-Per-formance. Dazu anspruchs-volle Filme und Ausstellun-gen. Café Jac (→ S. 81).
Philipps St. | Info Tel. 70 04 45, Karten unter Tel. 70 04 44 | www.artscentre.je

⑰ *Drama, Tanz &*
Symphonie
JERSEY OPERA HOUSE
Aufführungen unterschied-lichster Genres in einem klas-sisch plüschigen Theater.
Gloucester St. | Tel. 51 11 15 | www.jerseyoperahouse.co.uk

Service

LIBERTY BUS (LINIENBUSSE)
Der Busbahnhof Liberty Bus Station ist die zentrale Ab-fahrtsstelle aller Linien. Es gibt einen Schalter für Mehrtages-karten und ein Infozentrum für Visit Jersey (→ S. 208). Außerdem Verleih von Klapp-rädern, die in den Bussen mitgeführt werden können.
The Esplanade | Tel. 82 85 55 | www.libertybus.je

Inseltouren
JERSEY BUS & BOAT TOURS
Shuttle zu den Jersey War Tunnels mit Kommentaren des Schauspielers John Nettle (bekannt aus »Jim Bergerac ermittelt« und »Midsomer Murder«). Cabrio-Bus ab Li-beration Station (6 £). Kommentierte zweistündige Schiffsfahrt von St. Helier Al-bert Pier bis Corbière Light-house und zurück. Gelegent-lich kann man dabei Delfine sehen. Bar an Bord (22 £).
Ticketkiosk Liberation Sq., Haupt-büro Liberation Pl. (gegenüber Busbahnhof) | Tel. 86 36 24 | www. jerseybustours.com | Touren tgl. April–Okt. | auch Fahrradverleih

1897 eröffnete der 190 m breite Marina Pool am Sandstrand der St. Aubin's Bay, wo er auch bei Ebbe ein uneingeschränktes Schwimmvergnügen gewährt.

ST. AUBIN'S BAY   C6

Abends mit einer weißen Lichterkette geschmückt, spannt sich die flache St. Aubin's Bay über rund 4 km von **Elizabeth Castle** bis **St. Aubin's Fort**. Ihr folgt eine breite Promenade mit Cafés – ein idealer Weg für Spaziergänger und Radfahrer. Wo sich zu den Stoßzeiten die Blechschlangen über Jerseys einzige vierspurige Straße schieben, schnaubte bis 1936 der Zug Richtung Corbière. Und wo die Ebbe ausgedehnte Sandflächen freigibt, landeten bis 1937 die Flugzeuge. Jahrtausende trennen die beiden kunsthistorischen Schätze der Bucht: die megalithische Anlage **Ville-ès-Nouaux** und die **Glass Church** im Stil des Art déco.

Sehenswertes

VILLE-ÈS-NOUAUX

Im Park bei St. Andrew's Church liegen zwei bemerkenswerte neolithische Zeugnisse: ein **Ganggrab**, datiert auf 2850 v. Chr., sowie ein etwa 600 Jahre jüngeres **Steinkistengrab**, umgeben von einem Steinkreis. Da auch Spuren einer bronzezeitlichen Urnenbestattung um 800 v. Chr. vorliegen, rätseln die Archäologen, warum die frühen Insulaner diesen Platz für ihre Toten wählten. Auf der Suche nach Baumaterial waren Steinmetze 1869 in den Dünen auf das ältere Ganggrab gestoßen. Grabungen ab 1883 enthüllten zwei Ebenen des Bodens, ausgelegt mit Kieseln vom Strand. Im oberen Bereich entdeckte man 16 Tongefäße, jeweils geschützt von Steinplatten, aber ohne Inhalt. Ferner barg die Anlage 14 Urnen der Bronzezeit. Das Steinkistengrab enthielt Aschereste und war ursprünglich von einem Lehmhügel, den der Steinkreis einfasste, geschützt.

Route de St. Aubin, westl. First Tower | frei zugänglich

GLASS CHURCH – CORONATION PARK

Außergewöhnliche Glaskunst erwartet die Besucher in der unscheinbaren **St. Matthew's Church**. 1840 war sie als Filialkirche der anglikanischen Pfarrkirche von St. Lawrence entstanden, um den Bauern von Millbrook den sonntäglichen Weg zum Gottesdienst zu verkürzen. Mit dem Gedanken, ihrem Mann Jesse Boot (1850–1931), dem Gründer der Apothekenkette »Boots the Chemist«, ein Denkmal zu setzen, übernahm Florence Boot 1932 die Renovierung der Kirche. Sie beauftragte **René Lalique** (1860–1945) mit der Innenausstattung. Ihr Nachbar an der Côte d'Azur hatte für die Villa Millbrook bereits Schwingtüren in Glas gefertigt (später nach Großbritannien gebracht, der Auktionswert lag bei 1,75 Mio. €).

Im Jahr 1934 vollendete Lalique das Kirchendekor in farblosem Glas: Lilien und Engel im strengen Formenkanon des Art déco. Gegossen wurden sie in seiner Manufaktur in den Vogesen. Großblütige Madonnenlilien waren ihm Inspiration für die Altarkreuze, die Chorschranken und die Umrandung von Sakristei und Lady's Chapel. Die Silhouette der schlanken Jersey-Lilien *(Amaryllis belladonna)* schmückt die Fenster. Schlicht grüßen die Engel am Portal. In der Seitenkapelle unterstreicht die künstliche Beleuchtung ihre Eleganz. Die Idee dazu stammte von Lalique. Werfen Sie noch einen Blick in die Sakristei: Geschliffene Haihaut überzieht dort den Fußboden.

Alte Handelsfamilien bauten ihre Häuser u. a. entlang der Old High Street (Rue du Croquet) in St. Aubin. Meerwärts konnten sie das Geschehen im Hafen überblicken.

Bescheiden hinterließ der große Glaskünstler am Sockel des gläsernen Taufbeckens seine Signatur: »R. Lalique«.

Florence Boot stammte aus einer Buchhändlerfamilie in St. Helier und initiierte erste Leihbüchereien in den Geschäften ihres Mannes. Sie wurde zusammen mit ihm für ihre philanthropische Gesinnung als Lady und Lord Trent geadelt. Unter anderem schenkte sie dem Staat Jersey auch einen Teil des Parks ihrer Villa Millbrook, um eine grüne Oase für die Bevölkerung zu schaffen: den **Coronation Park**.

Millbrook, Route de St. Aubin | Kirche: Mo–Do 9–17, Fr 9–16, So 13.30–16.30 Uhr, 1. So im Monat geschl., Park: April–Sept. 8–19, Okt.–März 9–17 Uhr | Eintritt frei

ST. AUBIN

Dem pittoresken kleinen Ort am Westende der St. Aubin's Bay bescherte das Meer beachtlichen Wohlstand: der geschützte Hafen, das königliche Gericht (heute ein Gastropub), in dem die Beute der Freibeuter verteilt wurde, seit dem 17. Jh. der Kabeljaufang in Neufundland und der Handel mit Stockfisch in Südamerika. Das Zentrum von St. Aubin bildet die lebhafte **Hafen-**

promenade mit ihren Pubs und Restaurants. Der Hafenbereich fällt bei Ebbe trocken. Dann kann man zu Fuß zu **St. Aubin's Fort** (16. Jh.) und sogar bis in die **Belcroute Bay** spazieren (unbedingt die Gezeiten beachten!). Ein kleines Denkmal aus Gestein von der Halbinsel Gaspé erinnert an der Südwestecke des Hafenbeckens an die enge Verbindung mit Kanada (→ S. 88).

Das Eisenbahnzeitalter setzte sich mit einem Hotel im Zuckerbäckerstil und einem kleinen Bahnhof nebenan ein architektonisches Monument – heute die **Salle Paroissiale de Saint Brélade**, sprich das Bürgermeisteramt der Gemeinde. Ausgehend von St. Helier, folgte die Bahnlinie der weiten Sichel der St. Aubin's Bay und bog am Hafen landeinwärts in Richtung des Leuchtturms von Corbière ab. Der Trasse folgt heute als **Railway Walk** ein breiter Sandweg, ideal um sich bei einem Wanderurlaub einzulaufen oder ohne Verkehr zu radeln (6 km).

Übernachten

Ausblick vom Berg
CRISTINA

Gediegen komfortable Zimmer in ruhiger Lage mit Paradeblick über die Bucht, solide Qualität der Küche und Garten mit Pool – ein gutes Paket für die Erholung, wenn man den Berg gemeistert hat.

Mont Felard, St. Aubin's Bay | Tel. 41 19 00 | www.dolanhotels.com | 63 Zimmer | €€€

Edel-B & B
HARBOUR VIEW GUEST HOUSE

Sympathische Pension mit angenehm moderner Note, unmittelbar am Hafen gelegen. Fabelhaftes Frühstücksbüfett und exzellenter Service. Nebenan das Restaurant The Muddy Duck mit Garten.

St. Aubin, The Bulwarks | Tel. 74 15 85 | www.harbourviewjersey. com | 14 Zimmer, 1 Familiensuite | €€

Romantisch
PANORAMA

Ein mehrfach ausgezeichnetes Guesthouse in der alten High Street, wo in früherer Zeit die Handelsherren residierten. Viele Zimmer bieten einen Blick aufs Meer. Mit Wintergarten und Garten.

St. Aubin, Rue du Crocquet | Tel. 74 24 29 | www.panoramajersey. com | 14 Zimmer | €€

Aus der Neuen Welt

1497 »entdeckt« **John Cabot** Neufundland und beansprucht es für die englische Krone. Die Rückkehrer berichten von einem Meer, so reich an Fischen, dass sie mit Körben aus dem Wasser gehoben werden können. Aus ihren Berichten geht außerdem hervor, dass die Küsten befischt werden – von Schiffen aus dem Baskenland, der Bretagne, der Normandie sowie von den Kanalinseln. Von dort stammen vermutlich auch sechs Männer in der Mannschaft des Bretonen **Jacques Cartier**, als er 1534 in St-Malo in See sticht. Weiterhin auf der Suche nach einem Seeweg nach Asien, segelt er um Neufundland in den Sankt-Lorenz-Golf. Auch Cartier notiert den ertragreichen Fischfang.

Über die frühen Kabeljaufischer existieren spärliche Aufzeichnungen. Wie Zugvögel schwärmen die Schiffe im Frühjahr über den Atlantik, erreichen die Fischgründe im Nordosten Kanadas nach drei bis vier Wochen und ziehen im Herbst wieder von dannen. Ihr Fang: **Kabeljau** *(Gadus morhua)*, millionenfach. Ein gewisser Pierre de la Rocque überschreibt 1582 seinen Söhnen sein Schiff, das gerade, mit Kabeljau aus »Terre-Neuve«, in St. Aubin entladen wird. Strafen für Jersey-Fischer wegen illegalen Verkaufs von Stockfisch in St-Malo sind 1591 aktenkundig. Gouverneur Walter Raleigh fördert den transatlantischen Fischfang sowie den Aufbau des Handels in die Karibik und nach Südamerika. Ab 1611 wird »**Le Communion des Terre-neuviers**« Tradition. Ein letztes Mal besuchen die Fischer die Messe in St. Brelade's Church, ehe die Schiffe, beladen mit großen Mengen Salz, aus St. Aubin auslaufen.

Bei Neufundland überwiegt anfangs die Küstenfischerei. Schiffseigner und Händler bauen kleine Zentren auf, stellen auf Kredit Ruderboote und Langleinen für den Kabeljaufang zur Verfügung. Frauen und Männer an Land säubern, salzen und trocknen den täglich angelandeten Fisch auf Gestellen, den *flakes*. Die Fischer erhalten für Stockfisch und Lebertran, nachdem Ausrüstung, Salz etc. vom Wert abgezogen sind, nur Gut-

Der Atlantische Kabeljau oder Dorsch (Gadus morhua, unten) erreicht eine Länge von 100 bis 150 cm und bringt bis zu 50 kg auf die Waage.

scheine für Läden, die der Händler betreibt. Reich werden bei diesem **Trucksystem** die Unternehmer bzw. ihre *firms*, die sich nach dem britischen Sieg im Siebenjährigen Krieg 1763 auf die vormals französischen Gebiete am Sankt-Lorenz-Golf ausdehnen. 60 bis 70 Jersey-Schiffe mit 1500 bis 2000 Mann Besatzung sind Ende des 18. Jahrhunderts auf der Jagd nach dem Kabeljau.

Paspébiac, der Süden der Gaspé-Halbinsel, wird ab 1766 die Domäne von **Charles Robin** aus St. Aubin. Für Salz aus Europa kauft er Kabeljau. Seine Schiffe löschen Stockfisch in der Karibik und laden dort Zucker, Rum, Holz und Kaffee mit Ziel Portugal, Spanien oder Jersey. Robin überwintert als Erster in Kanada. Mit Schiffbau diversifiziert er sein Unternehmen. Ähnliche Erfolge verzeichnen Firmen wie Carteret Priaulx, Touzel, Collas, De Gruchy, Janvrin und Fauvel. Ihre Handelsbeziehungen halten sie weiter im Geschäft, als nach dem Amerikanischen Unabhängigkeitskrieg Schoner aus den Häfen von Massachusetts den Kabeljaufang auf den Grand Banks groß aufziehen. Die Gewinne spiegeln sich in stattlichen Landsitzen, den *cod houses* oder *les maisons de Terre-Neuve*, und fließen in Jersey-Banken. Deren Krise der 1870er-Jahre aber stürzt nicht nur so renommierte Firmen wie Robin & Co. in den Ruin. Viele Fischer bleiben jedoch in Kanada, weswegen Namen von den Kanalinseln von Nova Scotia bis Neufundland bis heute gängig sind.

Essen und Trinken

Rund um den Hafen von St. Aubin schart sich ein halbes Dutzend attraktiver Restaurants der mittleren Preisklasse. Hier lohnt es sich zu bummeln und zu schnuppern. An Sommerabenden sind die Freiplätze schnell besetzt, auch im **Old Court House Inn** mit seiner Terrasse mit Blick auf den Hafen (www.old courthousejersey.com) oder im urigen Pub **The Tenby**.

Verlässlich gut
BRACEWELL'S
In dem kleinen maritimen Lokal überrascht die innovative Speisekarte mit internationaler Note, ohne lokale Spezialitäten zu vergessen. Das Highlight: beste Jakobsmuscheln. St. Aubin, Rue du Croquet (High St.) | Tel. 74 70 14 | www. bracewells.je | Mo–Sa 11.30–14, 18–21.30 Uhr | €€

Gourmetfein
MARK JORDAN AT THE BEACH
Erfahren in Sterneküchen lädt Mark Jordan seine Gäste ein, in entspannter Atmosphäre mit Blick aufs Meer Außergewöhnliches zu tafeln. St. Peter, Route de la Haule | Tel. 78 01 80 | www.markjordan atthebeach.com | tgl. 12–14.30, 18–21.30 Uhr (jeweils letzte Bestellung), im Winter Di–So | €€€

Das Meer vor der Tür
OLD STATION CAFÉ
Ein üppiges Frühstück, herzhafte Sandwiches, Thai-Gerichte oder Kuchen stärken im früheren Bahnhof an der St. Aubin's Bay hungrige Gäste. Millbrook, Victoria Avenue, westl. First Tower | Tel. 48 78 89 | www. oldstationcafe.co.uk | Di–So 10–21, Thai-Küche ab 16, Sa, So ab 12 Uhr

Einkaufen

Kunst & Co.
THE HARBOUR GALLERY
Das inselweit umfangreichste Sortiment an lokalem Kunsthandwerk sowie erschwinglicher Kunst und Fotografie wird in einem ehemaligen Lagerhaus präsentiert. Regelmäßig finden Kunstausstellungen statt. Ein sympathisches Café serviert Frühstück, kleine Gerichte und Kuchen. St. Aubin, The Bulwarks | Tel. 74 30 44 | www.theharbourgallery jersey.com | tgl. 10–17.30 Uhr

Weht bei hohen Flutständen ein kräftiger Wind aus Südwest, bietet auch die St. Brelade's Bay die perfekten Surfwellen für Anfänger und Profis.

ST. BRELADE'S BAY UND DER SÜDWESTEN B6

Wenn es einen klassischen Badeplatz auf Jersey gibt, dann ist es die St. Brelade's Bay, die mehrfach Spitzenränge unter den Stränden der Britischen Inseln eroberte. Der breite Sandstrand bietet viel Platz zum Sonnenbaden und für Wassersport aller Art. Exotische Blumen und Palmen verleihen der Promenade mediterranes Flair. Sie machen Laune, am Wasser entlangzuschlendern, zu baden oder sich kulinarisch verwöhnen zu lassen. Der Zauber der Steilfelsen beginnt bei **Noirmont Point**. Von dort können Sie die Küste entlang bis zum **Leuchtturm von Corbière** auf dem *cliff path* durch die Natur streifen. Ginstergelb leuchten dort die Hänge im Frühjahr.

In St. Brelade's Bay rücken private Schicksale ins Bewusstsein, wenn man am Haus der surrealistischen Künstlerinnen Claude Cahun und Marcel Moore (→ S. 20) vorbei zur Pfarrkirche geht. Vom Friedhof nach Osten blickend, erkennt man den Schatten von **La Cotte de St. Brelade** jenseits der Bucht im

Ab 1808 zur Verteidigung der Insel erbaut, dient die Tour de Vinde bei Noirmont Point seit 1915 als kleiner Leuchtturm an der Einfahrt zur St. Aubin's Bay.

Fels. Unterhalb dieser bedeutenden Fundstätte der Altsteinzeit (→ S. 94) sitzt man wunderbar am Strand der **Ouaisné Bay** (sprich: uejnej) – die lässige Kismet Cabana oder das gemütliche Old Smugglers Inn liegen nur wenige Minuten entfernt.

Sehenswertes

NOIRMONT POINT

Das Kap des »Schwarzen Berges« ist in erster Linie ein herrlicher Aussichtspunkt über die St. Aubin's Bay und westwärts zur Portelet Bay. In zweiter Linie ein **Freilichtmuseum** für schwere Waffen. Gewaltige Bunker, ein Funkleitturm und Geschütze der deutschen Batterie Lothringen erinnern zwischen Ginster und Erika an den Zweiten Weltkrieg, als die Kanalinseln als Bollwerk innerhalb des Atlantikwalls aufgerüstet wurden.

Mai–Sept. alle zwei Wochen Bunker und Kommandostand geöffnet | Daten/Zeiten auf www.ciosjersey.org.uk | ca. 2,50 £

PORTELET BAY

Schon beim Blick von Noirmont Point lockt der goldgelbe Sandstrand mit der Mini-Insel zum Faulenzen und Schwimmen. Die Mühe des langen Treppenweges (denken Sie auch an den Rückweg) lohnt sich, hinab geht's vom Parkplatz nahe dem Old Portelet Inn. Bei Ebbe fällt der schmale Sandwall zur **Île au Guerdain** trocken, auch bekannt als Janvrin's Tomb, denn 1721 wurde dort ein Kapitän beigesetzt, dem man zu Zeiten der Pest die Landung verwehrt hatte. Zum Schutz vor Frankreich war im Wachturm (19. Jh.) eine 13-köpfige Garnison stationiert.

Portelet Common, das westlich der Portelet Bay gelegene Plateau, durchkreuzt eine Reihe von Pfaden, die man auf dem Weg in die Ouaisné Bay entdecken kann.

ST. BRELADE PARISH CHURCH – FISHERMEN'S CHAPEL

200-jährige Eichen werfen ihren Schatten auf die kleine Pfarrkirche am Westende der St. Brelade's Bay. Steine vom Strand sammelten die Bauleute im 11. und 12. Jh. für den bodenständigen Bau, der im Innern auch gotische Elemente des 14. Jh. zeigt. An manchen Steinen kleben noch die hütchenförmigen Napfschnecken – wie frisch vom Strand herbeigeholt.

Während der Reformation verlor die Kirche ihre mittelalterliche Zier an Fenstern und Wänden. Dennoch vermittelt der Raum eine heimelige Atmosphäre, vor allem wenn die »neuen« Fenster des Glasmalers **Henri T. Bosdet** (→ S. 30) in der Mittagssonne leuchten. Als eines seiner herausragenden Kunstwerke gilt das dritte Fenster in der Südwand (1901). Es illustriert die Gleichnisse vom Sämann und vom Sauerteig (Matthäus-Evangelium), die Figuren in aufwendige, fein gemusterte Gewänder in tiefen Rot- und Blautönen gehüllt.

Neben der Kirche erhebt sich die mittelalterliche **Fishermen's Chapel** (→ S. 29). Die Malereien (14./15. Jh.) mit Motiven aus dem Alten und Neuen Testament sind einzigartig für Jersey. Bei den Gewändern haben sich die Künstler an der Mode ihrer Zeit orientiert – erinnert nicht Herodes (über der Eingangstür) mit seinem zweifarbigen Wams, den engen Ho-

Neandertaler-Forschung zwischen Science und Fiction

Liegen die winzigen Kanalinseln auch am Westrand des europäischen Kontinents, so waren sie dennoch über mehr als 250 000 Jahre bedeutende Siedlungszentren, beginnend mit den Jäger-und-Sammler-Kulturen. Der Sommer 2013 rückte Jersey schließlich ins Rampenlicht der Neandertaler-Forschung. Dass die Insel zu den ältesten Jagdgründen der paläolithischen Vorzeitmenschen gehörte, war seit den ersten Ausgrabungen 1910–1914 in **La Cotte de St. Brelade** bekannt. Damals entdeckte das Team des Ethnologen Robert R. Marett in der Höhle 250 000 Jahre alte Spuren menschlicher Aktivität wie etwa Speerspitzen und Tierknochen. Ferner konnten eine Reihe von Zähnen aus den lehmigen Ablagerungen bei der Höhle von **St. Brelade's Bay** geborgen werden. Sie stammen von zwei männlichen erwachsenen Neandertalern.

Neueste Grabungen ergaben zum großen Erstaunen der Wissenschaftler, dass La Cotte über Hunderttausende von Jahren genutzt wurde und den Neandertalern noch Schutz bot, als sie andernorts bereits ausgestorben waren. Jersey lag am nordwestlichen Rand des Verbreitungsgebietes der Jäger-und-Sammlergruppen. Sie hatten sich **Warm-** und **Eiszeiten** angepasst und folgten den jahreszeitlichen Zügen der Herden von Mammuts, Wollnashörnern, Urpferden, Rentieren und Rotwild. Die Vorzeitjäger hatten wohl ein ausgeprägtes Hör- und Sehvermögen, vor allem in der Dämmerung. Rasiermesserscharfe Feuersteinspeerspitzen sicherten ihren Jagderfolg. Sie waren keineswegs reine Höhlenbewohner, wie lange Zeit vermutet wurde. Ablagerungen in Höhlen blieben lediglich besser erhalten als andernorts, wo Behausungen aus Naturmaterialien schnell verfielen.

Während der Eiszeiten überzog nicht wie im Norden von Deutschland oder im Alpenraum ein Eispanzer das Land. Im Gebiet der Inseln streiften Mammuts und Wollnashörner über eine **Tundra**, eine Kältesteppe, deren Grasflächen von lichten

In La Cotte de St. Brelade wurden rund 200 000 Steinwerkzeuge gefunden. Viele bestanden aus Feuerstein, was in dieser Gegend selten war.

Gehölzen mit Birken, Erlen und Haselnuss unterbrochen waren. Die Atlantikküste lag westlich von Guernsey, denn der Meeresspiegel war um bis zu 130 Meter abgesunken.

Die bei La Cotte gefundenen Tierknochen stellen auch die alte Theorie infrage, dass die Neandertaler Herden über die Klippen in den Tod gehetzt haben, um sie dann am Fuß der Steilfelsen auszuschlachten. Haben sie nicht eher die Tiere in die heute unter dem Meeresspiegel liegende Schlucht unterhalb der Höhle getrieben, wo sie eingekesselt im Speerhagel starben? Es fehlen nämlich zerschmetterte Knochen, die auf einen Sturz aus großer Höhe schließen lassen. In der Gesamtheit zählt La Cotte zu den weltweit reichsten Fundstellen der Steinzeit mit **200 000 Steinwerkzeugen**, mehr als in ganz Großbritannien je entdeckt wurden. Es besteht die Hoffnung, hier Wissenslücken schließen zu können, wie sich das Vordringen des Homo sapiens in die Welt der Neandertaler gestaltete.

Das Team der Archäologen um Dr. Matt Pope vom University College London setzt große Erwartungen in die weiteren Grabungen in **Les Varines** bei St. Helier und **Little Portelet**, der Bucht nördlich des Mont Orgueil Castle in Gorey. Dort bergen die eiszeitlichen Tonschichten uralte Werkzeuge, vermutlich Spuren einer primitiven Siedlung.

sen und Schnabelschuhen an einen Hofnarren des 15. Jh.? Wirkt die Stadt, in die Christus auf dem Esel einzieht (Gewölbe, vorne links), nicht wie eine mittelalterliche Burg?

Neben der Kapelle weist ein Schild über dem Friedhofstor auf einen **Perquage-Weg** (→ S. 33) hin. Dies wäre in Jersey der kürzeste Weg in die Freiheit gewesen – vom Seitenportal direkt hinunter ans Meer. Unmittelbar an der Friedhofsmauer, 20 m rechts des Perquage-Durchgangs, liegen die beiden avantgardistischen Künstlerinnen Lucie Schwob und Suzanne Malherbe (→ S. 20) begraben. Ihr Haus »La Rocquaise« war das erste Cottage neben der Rampe zum Meer.

1 MERIAN EMPFEHLUNG

BEAUPORT

Der kleinste Sandstrand des Inselsüdens schmiegt sich in eine stille Bucht zwischen grünen Hängen und bizarr geformten Felsen. Dort bietet sich eine wunderbare Gelegenheit, um im türkisblauen Wasser zu schwimmen, vor allem ohne Massenandrang. Der Grund: der teils steile Treppenweg vom Parkplatz hinunter ans Meer zum romantischen Felskegel **The Stack**.

JERSEY LAVENDER

Ein Hauch von Provence liegt über dem Familienbetrieb (3,6 ha) unweit der St. Brelade's Bay, wenn Lavendel und Lavandin im Mai ihre Blüten öffnen. Schon das intensive Blau der Pflanzen bezaubert, ganz zu schweigen von ihrem Duft, sobald man sich dem Gebäude mit den Destillierkesseln nähert. Die Führungen zeigen bildhaft, wie viel Handarbeit erforderlich ist, ehe ein Parfüm oder eine feine Seife ins Ladenregal gelegt werden kann. Der Shop verführt ferner mit Lotionen und Blütenkissen, während im **Sprigs Cafe** Torten mit Lavendelblüten den Gaumen kitzeln. Wer den Railway Walk entlangwandert oder -radelt, ist keine 500 m entfernt von diesem sommerlichen Duftparadies.
St. Brelade, Rue du Pont Marquet | www.jerseylavender.co.uk | Ende März–Sept. Di–So 10–17 Uhr, Juni–Mitte Aug. Führungen 11.30 und 15 Uhr | Eintritt Gärten 3,95–6,65 £ (je nach Saison)

Die Füße im Sand und die Seele baumeln lassen beim Blick auf das türkisgrüne Wasser – Beauport, der »schöne Hafen«, trägt seinen Namen völlig zu Recht.

Übernachten

Der Strand vor der Tür
GOLDEN SANDS

Der zuvorkommende Service und moderne, geschmackvolle Zimmer – viele mit Balkonen und dem Panorama der Bucht – vermitteln schnell das ersehnte Urlaubsgefühl.
St. Brelade's Bay, Route de la Baie | Tel. 74 12 41 | www.dolanhotels. com | €€–€€€

Eleganz am Meerufer
L'HORIZON BEACH HOTEL & SPA

Erlesen ausgestattete Räume in einer großzügigen Anlage am Meer. Ein Besuch im luxuriösen Spa oder Hallenbad entspannt nach Erkundungen der Insel. Drei Restaurants mit Terrasse an der Promenade.
St. Brelade's Bay, Route de la Baie | Tel. 74 31 01 | www.handpicked.co. uk/lhorizon | 106 Zimmer | €€€€

Essen und Trinken

Knusprig italienisch
PORTELET BAY CAFÉ

Beste Pizzas aus dem Holzofen in coolem, schlichtem Ambiente an einer der schönsten Buchten des Südens.
Portelet Bay, La Rue Voisin | Tel. 72 85 50 | www.porteletbaycafe. com | Sommer Mo–Sa 10–19/20, So bis 17 Uhr | €

Eine Sirene warnt die Besucher, kurz bevor der Dammweg hinüber zu La Corbière Lighthouse für einige Stunden in den Wellen der Flut verschwindet.

Behaglich
THE OLD PORTELET INN

Einladend liegt das Gasthaus aus dem Jahr 1606 oberhalb der Portelet Bay. Die schönste Aussicht gewähren die Balkone im Obergeschoss, während man umgeben von Grün und Blüten herrlich im Garten sitzt. Wird es draußen kühl, knistert das Feuer im Kamin. Auf den Tisch kommen typische Pub-Gerichte.
Portelet Bay, Portelet Lane | Tel. 74 18 99 | tgl. 11–22, Küche 12–14.30, 16.30–20.30, So 12–20 Uhr | €€

Lässig oder gestylt
CRAB SHACK & OYSTER BOX

Mit Seeblick Fisch und Meeresfrüchte genießen – in den beiden Restaurants der Jersey-Pottery-Gruppe wählt man zwischen rustikalem Strandlokal oder Gourmettreff.
St. Brelade's Bay, Route de la Baie – Crab Shack | Tel. 85 08 55 | www.jerseycrabshack.com | Küche tgl. 12–14, Di–So 18–20 Uhr, im Winter kürzer | €€
– Oysterbox: Tel. 85 08 88 | www.oysterbox.co.uk | tgl. außer Mo mittags 12–14.30, 18–21 Uhr, im Winter So abends geschl. | €€€

DER WILDE WESTEN A4–B6

Weite Sandflächen säumen die für ihre Sonnenuntergänge berühmte **St. Ouen's Bay**, die von der Grand Route des Mielles begleitet wird – *mielle* in Jèrriais ist das Wort für Düne. Die deutschen Besatzer sicherten die Bucht durch eine Panzersperrmauer, die Militärstrategen des 18./19. Jh. hatten Wehrtürme wie **La Rocco** und **Kempt Tower** (heute Jersey-Heritage-Unterkünfte, → S. 79) errichtet. Seit den 1920ern ist St. Ouen's Bay ein Dorado der Surfer, neuerdings auch der Kitesurfer. Den markanten Endpunkt im Süden setzt das **Corbière Lighthouse**. Klippen begeistern die Wanderer im Nordwesten, wo **Pinnacle Rock** über Jahrtausende Seefahrern den Weg wies.

Den Blick auf das einst bedeutendste Lehngut der Insel, **St. Ouen's Manor**, erhascht man zwischen Bäumen an der Route de St. Ouen (A 12). Natur umgibt die Wanderer im Arboretum beim Reservoir **Val de la Mar**, während zur Hortensienblüte die **Hydrangea Avenue** (Route du Marais) begeistert.

Sehenswertes

MERIAN TOP 10

LA CORBIÈRE LIGHTHOUSE

Man kennt ihn aus der Werbung, noch ehe man einen Fuß auf die Insel setzt, den weißen Zeigefinger an Jerseys Land's End. Seit 1873 warnt Großbritanniens erster aus Beton gebauter Leuchtturm vor den tückischen Felsen. Victor Hugo hatte sie poetisch als die »Hirten der Wellen« beschrieben. Noch am 17. April 1995 kenterte eine Fähre auf dem Weg nach Sark. Mit einem Kurs zu nah an der Küste hatte der Kapitän eine Untiefe im Ebbstrom unterschätzt. Helfende Hände der Einheimischen, wie sie das Denkmal (gleich hinter der Eisbude) darstellt, retteten allen 307 Passagieren und Besatzungsmitgliedern das Leben.

Die Rufe der Austernfischer und Silbermöwen streifen über die Felsen, Raben, nach denen die Landspitze benannt ist, bleiben eher seltene Zaungäste. Bei Ebbe fällt der Dammweg trocken, im Sommer finden zeitweilig Führungen im Leuchtturm statt. Massiv drängen sich Bunker aus dem Zweiten Weltkrieg ins Bild und stören die romantische Szenerie. Sie zu sprengen hätte jedoch riesige Narben in der Landschaft hinterlassen.

Unterhalb des früheren Leuchtturmwärterhäuschens gedenkt eine Tafel Peter E. Larbalastier. Der Assistent im Leuchtturm verlor 1946 sein Leben bei der Rettung eines Besuchers, der von der Flut abgeschnitten war. »Take heed, all ye who pass it« – »Seid gewarnt, all die ihr hier vorbeigeht«. Mit einbrechender Dunkelheit schickt heute eine LED-Lampe ihr Licht 18 Seemeilen übers Meer. Der **Radio Tower** an der Klippe, Marinepeilstand in der Besatzungszeit, später Radiosendestation, ist nun bei Jersey Heritage als Ferienwohnung gelistet (→ S. 79). Vom Fuß des Turms hat man ein wundervolles Panorama von den Klippen im Süden bis zum Nordende der St. Ouen's Bay.

WETLAND CENTRE ST. OUEN'S POND UND ORCHIDEENWIESEN

Entlang der St. Ouen's Bay ist man versucht, den Wellen und Muscheln die ganze Aufmerksamkeit zu schenken. Wer allerdings regelmäßig den Blick landeinwärts und zum Himmel richtet, wird die majestätischen **Rohrweihen** (*marsh harriers*) erspähen können. Die Greifvögel mit einer Flügelspannweite von bis zu 2 m nisten im Schilf des St. Ouen's Pond und jagen über den Feldern ihrer Beute nach. Den unbemerkten Blick auf weit mehr Vögel erlaubt das unter einem Sandberg versteckte **Wetland Centre** des National Trust. Bereitgestellte Ferngläser rücken Blesshühner, allerlei Enten und Gänse in fast greifbare Nähe, während sie über den Süßwassersee paddeln. Hin und wieder fischen Graureiher am Ufer. Kurzvideos zeigen die Kinderstube von Kiebitzen (*lapwings*) und die Paarungsrituale der Rohrweihen. Die Aufnahmen der **Orchideenwiesen** bleiben weit hinter dem persönlichen Erlebnis eines Spaziergangs zwischen 40 000 Knabenkräutern zurück. Fünf verschiedene Arten blühen im Mai und Juni auf einer Sumpfwiese zehn Gehminuten landeinwärts des Wetland Centre.

Five Mile Road | Wetland Centre tgl. 9–17 Uhr, im Winter kürzer | Orchideenwiese frei zugänglich und ausgeschildert

Die Nachrichten, die die Enigma-Chiffriermaschinen erzeugten, hier ein Exemplar im Channel Island Military Museum, wurden bereits früh von den Alliierten entziffert.

THE CHANNEL ISLANDS MILITARY MUSEUM

Zwischen Corbière und dem Nordende der St. Ouen's Bay wird unmissverständlich klar, welche Bedeutung Hitler dem **Atlantikwall** auf den Inseln zugemessen hatte (→ S. 154). In einem ehemaligen Bunker zeichnet das private Museum ein Bild der deutschen Abwehr sowie des Lebens der Bevölkerung. Ein außergewöhnliches Exponat ist die Enigma-Chiffriermaschine, mit der die Deutschen ihre Nachrichten verschlüsselt hatten.

Five Mile Rd./La Grande Route des Mielles | Tel. 07797732072 | März–Okt. tgl. 10–17 Uhr | Eintritt 5 £

DOLMEN LES MONTS GRANTEZ

An einer Schafweide hoch über dem Meer verbirgt sich ein leicht zugängliches neolithisches **Ganggrab** (4000–3250 v. Chr.). In seiner ursprünglichen Anlage waren die tonnenschweren Steine von einem Erdhügel überdeckt (→ S. 114). Grabungsarbeiten enthüllten 1912 in der Endkammer die Skelette von sechs Erwachsenen und einem Kind in Hockstellung, umgeben von Meeresschnecken und Tierknochen. Staunen weckten Häuf-

Algen adeln die Jersey Royals

Wales rühmt sich seines *laver bread* aus der gleichen Art von Algen, wie sie die Sushi-Köche schätzen. *Scotch broth* sollte als Zutat ebenfalls Seetang enthalten, und an Irlands Westküste köchelt man landauf und -ab mit dem Gemüse aus dem Meer. In der Ernährung der Kanalinseln spielten Algen nie eine kulinarische Rolle. Lediglich die filigranen rotbraunen »Blättchen« des **Knorpeltangs** *(caragheen,* lat. *Chondrus crispus)* hatten ihren festen Platz in der bäuerlichen Küche. Gekocht in Milch oder Wasser, lieferten sie eine neutral schmeckende Gelatine für die süße Kaltschale oder feines Aspik.

Frittierter Meersalat, Miso-Suppe mit Wakame – exotisch anmutende Algen der asiatischen Küche wachsen im Meer rund um die Kanalinseln tonnenweise und finden langsam ihren Weg auf die Speisekarten.

Dennoch war es einst verboten, dass die Bauern zur Erntezeit von *vraic,* so der Name der Algen im alten Patois, strickten. Nur der Dünger von der Küste garantierte eine gute Ernte auf den Feldern und gesunde Kühe. Zu Hunderten zog man mit Pferdefuhrwerken und speziellen Rechen und Sicheln im Spätwinter ins Watt. Die Bauern entrichteten sogar Steuern an die Gemeinden für den Unterhalt der Rampen am Meer und schlugen Schneisen in den Fels, um am Rand des Watts die Tiefwasserzonen des Tangs zu erreichen. Umgerechnet rund 125 Englische Pfund brachte im 19. Jahrhundert eine frische Wagenladung *vraic* ein. Ärmere Leute sammelten am Strand, was die Flut angeschwemmt hatte: *le vraic venant.* Getrocknet und zu Asche reduziert, half der Tang, die Familie zu ernähren.

Noch ehe die **Jersey Cow** ihren Siegeszug antrat, wussten die Bauern der Normandie, dass ihnen mineralstoffhaltiger Algendünger für die Weiden glücklichere Kühe bescherte – mit besserer Milchleistung und weniger Totgeburten. Das Erfolgsrezept Nummer zwei lautete: **Seetang** für die Kartoffelfelder. Er war und ist nicht nur leicht aufzubringen. Er unterstützt vor

Seetang aus den Tiefwasserzonen, bekannt als Kelp, wurde von den Bauern der Kanalinseln aufgrund seines hohen Jodgehalts besonders hoch geschätzt.

allem die Mikroorganismen im Boden und sorgt für eine krümelige Struktur in dem leicht verdichteten, wasserstauenden Lehmboden. Und: Die ältere Generation der Insulaner schwärmt vom unvergleichlichen Aroma der **Jersey Royals**, als noch Algen die Felder düngten. An Jerseys St. Ouen's Bay setzen einige Bauern wieder auf eine biodynamische Feldwirtschaft, dort bereichert Tang den Nährstoffhaushalt der Böden.

Nicht zuletzt wünschen sich die Küchenchefs der Inseln professionelle Algensammler. Das feine Gemüse in Grün, Braun oder Rot mundet knusprig frittiert, als Zutat in Suppen oder Soßen, es umhüllt Fisch beim Garen und verleiht selbst Eiscreme markante Noten. **Umami**, unser fünfter Geschmack, ist inzwischen in aller Munde. Man mag denken, Algenchips schmecken nach Fisch! Falsch: Fisch schmeckt nach Algen, denn alles Meeresgetier, ob Fisch, Schalen- und Krustentiere, knabbert an dem gesunden Gemüse, ob mikro oder makro.

Wer am Strand durch den Tangwald wandert, ahnt selten die Vielfalt der Arten – über 240 sind es auf den Kanalinseln – und den Variantenreichtum ihres Geschmacks. Die rote *pepper dulse* überrascht roh mit Noten von Rucola oder Trüffel, **Meersalat** unterstreicht in hellen Fischsoßen das Aroma des Ozeans. Oder lieber **Seespaghetti**? Man knuspert sie getrocknet wie Salzstangen. Sammeltipps und Rezepte teilen auf Jersey professionelle Guides gerne mit ihren Gästen. »Bouan appétit!«

Den Wikingern galt Jerseys Nordwesten als »grar nes«, das »graue Kap«. Daraus wurde Grosnez, dessen Burg im Hundertjährigen Krieg zweimal erobert wurde.

chen farbiger Kiesel. Im Gang befand sich das Skelett einer weiteren Person, die man sitzend beigesetzt hatte. Die Tonwaren sind im Museum von La Hougue Bie (→ S. 112) ausgestellt.
Chemin des Monts | frei zugänglich

GROSNEZ CASTLE
Über der Steilküste im äußersten Nordwesten bot seit der ersten Hälfte des 14. Jh. eine kleine Fliehburg Schutz gegen Piraten und Überfälle französischer Horden. Der Hundertjährige Krieg zog auch diese stille Ecke der Insel in Mitleidenschaft. Halsgraben und Zugbrücke waren nicht leicht zu überwinden, sollten Eindringlinge die Klippen erklommen haben. Den Belagerten aber konnte das Fehlen einer Quelle zum tödlichen Verhängnis werden. In den 1540ern war die Burg verfallen.

Bei Sonnenuntergang wirkt die Ruine besonders romantisch. Außerdem ist sie Kulisse der **Pferderennbahn**, die von Ostermontag bis Ende September Saison hat – mit einem Ladies Day, dem Tag der ausgefallenen Hutkreationen, im August.
Unweit der Rennbahn | frei zugänglich

Essen und Trinken

Auch für Frühaufsteher
SANDS

Das legere Strandlokal bietet nicht nur Surfern willkommene Stärkung mit herzhaften Sandwiches und Burger-Varianten. Oder hätten Sie vielleicht Lust auf Seebarsch?

Five Mile Rd. | Tel. 48 17 05 | April–Okt. 8.30–21, sonst bis 16.30 Uhr | €

Strandfeeling
LE BRAYE

Familie Baker weckt Morgenmuffel mit einer köstlichen Auswahl an Frühstücksvarianten, ob auf der luftigen Terrasse oder im behaglich maritimen Lokal. Fish & Chips stärken zum Lunch oder auch die Pastagerichte mit Meeresfrüchten. Wer nur Appetit auf Eis oder einen Cidre hat, nimmt im Liegestuhl Platz.

Five Mile Rd. | Tel. 48 13 95 | Mitte Juni–Aug. tgl. 9–21, So bis 17 Uhr, sonst teils nur mittags | €

Gut besucht
EL TICO BEACH CANTINA

Gäste schätzen den wunderbaren Ausblick auf St. Ouen's Bay, großzügige Portionen, das moderne Ambiente und den freundlichen Service.

Five Mile Rd. | Tel. 48 20 09 | Mo–Sa 9–21, So bis 19.30 Uhr | €

Versteckt im Grünen
POPLARS

Ein nettes Gartenlokal, um Suppen und Quiche, Sandwiches oder Kuchen sowie einen Cream Tea zu schlemmen.

St. Brelade, La Moye | Tel. 74 21 84 | www.thepoplarstearoom.com | Mitte März–Sept. Mo, Mi–So 10–17 Uhr | €

Einkaufen

EMPFEHLUNG

Meerfrisch
FAULKNER FISHERIES

1980 verwandelte Sean Faulkner einen Bunker am Norden-de der St. Ouen's Bay zu einem Geschäft für Fisch und Meeresfrüchte, fangfrisch von den Kuttern. Es gibt auch frisch gekochtes Krebs- oder Hummerfleisch. Und zur Austernprobe genießt man einen trockenen Weißen. Im Sommer mittags Fisch & Co. vom Grill. Alle Plätze im Freien.

L'Etacq | Tel. 48 35 00 | www.faulknerfisheries.com | Mo 10–12, Di–Sa 10–16, BBQ Di–Sa 12–15 Uhr

DER SÜDOSTEN D6–F5

Zwischen St. Helier und Gorey brandet das Meer zeitweise wild gischtend gegen die Ufermauern. Sechs Stunden später sucht man die Wasserlinie dann vergebens. Diese Küste säumt Europas größtes **Felsenwatt** (→ S. 108), ein Rest der eiszeitlichen Landbrücke in die Bucht von Mont St-Michel. Landeinwärts erstrecken sich hinter dem schmalen Häusergürtel Kartoffelfelder und Wiesen. Ehe im 19. Jh. Straßen und Mauern entlang des Meeres gezogen wurden, gewann man in den Marschen Salz. **Grouville Marsh** südlich von Gorey ist bis heute ein feuchtes Weideland, wo Schwäne und Watvögel zwischen grasenden Kühen nach Nahrung suchen. Im Südosten konzentriert liegen drei kulturelle Highlights: der Park von **Samarès Manor**, **Mont Orgueil Castle** über dem Hafen von Gorey sowie die neolithische Kultstätte **La Hougue Bie**.

Sehenswertes

SAMARÈS MANOR BOTANICAL GARDENS

Samarès weckt die Lust auf Gartengestaltung und Sinnenfreude. Die Gewinnung von Salz *(sal)* in den Marschen *(marais)* legte den Grundstock zum Wohlstand des alten Lehngutes. **Sir James Knott**, britischer Eigner einer Schifffahrtsgesellschaft und Seigneur auf Samarès, investierte in den 1920er-Jahren stolze 50 000 £ für seine Vision eines Gartens, inkl. zweier Schiffsladungen Kalkstein aus Nordengland für den Zen-Garten. Gewundene Wege, ein leises Plätschern der Kaskaden, ein perfektes Spiel mit den Strukturen der Pflanzen, ihren Blüten- und Laubfarben – der Zen-Raum soll seine Besucher entspannen.

Das botanische Erbe von Sir James Knott ergänzen der Rosen- und Kräutergarten, windgeschützt durch hohe Mauern. Von diesen effizienten Wärmespeichern profitieren Exoten wie Bananen- oder Ingwerstauden im Küchengarten, wo Seigneur Vincent Obart seiner Passion der Zucht alter Apfel- und Birnensorten frönt. Einblick in das Leben der Nobilität gewährt das noch bewohnte **Herrenhaus** (überwiegend 19. Jh.), wobei die Innengestaltung auf Betty, die zweite Frau von James Knott,

Die Blüte von Azaleen und Rhododendren verleiht dem Japanischen Garten von Samarès Manor im Frühjahr einen außergewöhnlichen Reiz.

zurückgeht. Bereits verwitwet, verließ sie Jersey während des Zweiten Weltkriegs. Unter der deutschen Besatzung blieb das Anwesen als »Kulturgut« unangetastet, und es fielen keine Bäume der Energiekrise 1944/1945 zum Opfer (→ S. 19).

Ein liebevoll zusammengetragenes **landwirtschaftliches Museum** füllt alte Scheunen rund um die Apfelpresse. Dazu gesellt sich ein Café-Restaurant mit Terrasse am Herb Garden, einem geschmackvollen Laden mit Pflanzenverkauf.

Grande Route de St. Clement | www.samaresmanor.com | Ostern–Mitte Okt. tgl. 9.30–17 Uhr | Führungen: Kräuter Mo–Sa 12.30, Hofmuseum tgl. 10.30 u. 15.30, Haus Mo–Sa 11.30 u. 14.30 Uhr | Eintritt 9,75 £, Haus 3,95 £

MERIAN EMPFEHLUNG **3**

WATTWANDERUNG ZUM SEYMOUR TOWER

1,5 km vor La Rocque Harbour erhebt sich Seymour Tower, anno 1782 als Wachturm nach der »Battle of Jersey« errichtet. Er ist das Ziel hochinteressanter Wanderungen durch Europas größtes Felsenwatt und die Austernkulturen (→ S. 108). Da

Das Felsenwatt, das von fern einer Mondlandschaft gleicht, daher der Begriff »Moonwalk« für Wanderungen, erweist sich aus der Nähe als überaus artenreich.

LEBEN UNTER EXTREMBEDINGUNGEN

Europas größtes Felsenwatt

Noch vor 12 000 Jahren zogen Mammutherden zwischen dem Gebiet der Kanalinseln und dem heutigen Festland von Frankreich umher. Die Atlantikküste lag seinerzeit westlich von Guernsey. Die vorherrschenden starken Ostwinde lagerten feine Tonmineralien auf der Tundra ab. Der nacheiszeitliche **Meeresspiegelanstieg** von rund 130 Metern bedeutete schließlich »Land unter« für die Bucht von Mont St-Michel. Die Tafelberge wurden zu Inseln, und frühere Hochplateaus fallen heute nur bei Springtiden trocken: zerfurchter Granit, Diorit, Gneis und Schiefer, kahl oder dicht mit Tang bewachsen. Im Südosten von Jersey erstreckt sich über Kilometer ein faszinierendes Felsenwatt, das größte seiner Art in Europa.

Seit Dezember 2000 ist dieses großartige Areal, 3210 Hektar Küste zwischen St. Helier und Gorey, nach der Ramsar-Konvention der UNESCO als **Feuchtgebiet von internationaler Bedeutung** ausgewiesen (www.ramsar.org). 2005 erhielten die Riffinseln Les Écréhous, Les Minquiers und Les Pierres de Lecq, auch »The Paternosters« genannt, denselben Status im Bailiwick of Jersey, ferner Alderneys Westküste und die Vogelinsel Burhou (1500 Hektar). Es folgte auf Guernsey 2006 das 426 Hektar große Gebiet um Lihou (inkl. Colin-Best-Reservat). All diesen Bereichen ist gemeinsam, dass ihre Pflanzen- und Tierwelt unter Extrembedingungen im Gezeitenmeer lebt. Über Stunden ist sie Sonne und Wind oder heftigen Regenfällen ausgesetzt, ehe die Flut die Last einer meterhohen Wassersäule aufbaut.

Rund 240 **Tangarten** wurden in Jersey identifiziert, am Dammweg nach Lihou Island (Guernsey) allein 214, darunter aggressive Neuankömmlinge aus dem Pazifik wie Japanischer Beerentang *(wireweed, Japweed,* lat. *Sargassum muticum)* oder Wakame *(Undaria pinnatifada).* Die Globalisierung macht vor dem Meer nicht halt. **Algen** sind wichtige Nahrung und Schutz für eine Vielzahl von Tieren. Welchen man bei Wanderungen im Watt begegnet, variiert mit den Tages- und Jahreszeiten. Im Frühjahr tummeln sich Tausende bis 15 cm lange **Seehasen** *(sea hares,* lat. *Aplysia punctata)* aus der Familie der Breitfußschnecken in den Gezeitentümpeln. Bei Bedrohung stoßen sie eine purpurfarbene Flüssigkeit aus, die sie in eine Farbwolke hüllt. Seeanemonen lösen häufig Bewunderung aus. Zauberhaft sind die grünen **Wachsrosen** mit ihren lilafarbenen Tentakelspitzen *(snakelocks anemones,* lat. *Anemonia viridis)* oder die flachen, sandbraunen **Seemannsliebchen** *(daisy anemones,* lat. *Cereus pedunculatus).* Von den Millionen Muscheln ganz zu schweigen.

Wissenschaftler haben herausgefunden, dass Meerestiere, vergleichbar dem Biorhythmus der Menschen, einem angeborenen Gezeitenrhythmus folgen, der in ihren Genen verankert ist. Das heißt, ihr Organismus bereitet sich auf den Wechsel von Wasserstand, Salzgehalt, Druckverhältnis und UV-Strahlung vor. Er reagiert nicht, sondern agiert, etwa mit verändertem Stoffwechsel. Wer hätte gedacht, dass die Kreaturen des Meeres von einer den Tiden angepassten inneren Uhr gesteuert werden.

»Wise use«, die kluge, nachhaltige Nutzung eines Gebiets, lautet der Grundgedanke des Ramsar-Konzepts. Die Kanalinseln haben also allen Anlass dazu, das einzigartige Felsenwatt als kostbares Biotop, als Nahrungsquelle der Organismen und Erholungsgebiet für die Bevölkerung zu bewahren.

**Der Kulturgenuss im Mont Orgueil Castle lässt sich wunderbar mit einem genüss-
lichen Picknick auf dem Castle Green oberhalb von Gorey Harbour verbinden.**

die Flut gefährlich schnell aufläuft, sollten Touren nur mit Füh-
rern unternommen werden. Versuchen Sie in der dritten oder
vierten Stunde nach oder vor Niedrigwasser bei La Rocque ein
wenig Zeit zu verbringen – Sie werden Ihren Augen nicht trauen.
Jersey Walk Adventures | Tel. 0 77 97/85 30 33 | www.jerseywalkadventures.
co.uk | Führungen (u. a. Biolumineszenz nachts) 1,5–3 Std. ab 16,50 £ |
Übernachtung im Seymour Tower (→ Jersey Heritage Lets, S. 79)

GOREY HARBOUR & VILLAGE

Der Blick über den Hafen auf Mont Orgueil Castle ist eines der
Lieblingsmotive der Jersey-Werbung. Vor der Arena der steilen
Kartoffeläcker und der Burg ducken sich die Häuschen am Hafen, populäre Pubs und Cafés, Hotels und Souvenirshops. Gebäude und Pier stammen aus der Zeit um 1820, als Gorey durch
die Austernfischerei seinen Goldrausch erlebte. Damals fingen
an die 250 Boote mit Schleppnetzen die begehrten Schalentiere
(→ S. 58) – bis die Bestände der Europäischen Austern nach 40
Jahren überfischt waren. Mit der Eröffnung der Bahnlinie (1873)
von St. Helier begann für Gorey das Zeitalter des Tourismus.

Den alten Ortskern von **Gorey Village** (Zufahrt 500 m südlich des Hafens) verpasst man allzu leicht. Er ist dörflich geblieben, doch nicht bäuerlich. Sympathische Lädchen, ein Café und der beste Fish-&-Chips-Shop im Osten. Am Samstagabend reicht die Schlange der Kunden bis auf die Straße.

MERIAN TOP 10

MONT ORGUEIL CASTLE (GOREY CASTLE)

Die Burg, ab 1204 erbaut, war bis 1600 Sitz des Gouverneurs. Mit diesem trutzigen Bollwerk demonstrierte König John Lackland – oder **Johann Ohneland** – nach dem Verlust der Normandie Macht gegenüber seinem französischen Gegner Philipp II. Weiß gestrichen strahlte sie gut sichtbar bis zum französischen Ufer. Johns Nachfolger **Henry III.** unterstützte den Ausbau mit 1000 Baumstämmen aus dem New Forest für einen Palisadenwall sowie 60 Säcken von Nägeln. Mit der fortwährenden Gefahr einer Invasion des feindlichen Nachbarn entwickelte sich die Wehrhaftigkeit der Burg. Aus der Zeit um 1340 liegt ein Dokument vor, das als Besatzung 136 Armbrustschützen und 117 Bogenschützen aufführt. An Türmen und Toren sind Öffnungen sichtbar, aus denen Pech, heißes Öl, Steine und Kot auf die Angreifer heruntergeprasselt waren.

1588 beschleunigte die Angst vor einem Angriff der Spanischen Armada auch in Gorey die Ausbesserungsarbeiten. Dennoch entschied Elizabeth I. wenige Jahre später den Neubau einer Fluchtburg in der St. Aubin's Bay. Sir Walter Raleigh, Gouverneur 1600–1603, rettete Le Vieux Château vor dem Abriss. Gefängnis, Sitz einer Geheimorganisation im 18. Jh. und Geschützstellung der Deutschen im Zweiten Weltkrieg, überdauerte Mont Orgueil (»Burg Stolzenfels«) die Jahrhunderte.

Künstler der Gegenwart interpretieren heute die historischen Themen neu. Wenn Handwerker oder Musikanten, eine Köchin und Falkner im Sommer ihr Lager aufschlagen, wird das mittelalterliche Burgleben zum sinnenfrohen Erlebnis.

Gorey | www.jerseyheritage.org | Mitte März–Okt. tgl. 10–18, sonst Fr–Mo 10–16, Jan. Sa 10–16 Uhr | Eintritt 13,40 £, Jersey Heritage Pass (→ S. 212)

LA POUQUELAYE DE FALDOUET

Auf dem Plateau oberhalb von Gorey Harbour liegt zwischen Feldern ein **Dolmen**, datiert auf 4000–3250 v. Chr. Hier muss man sich nicht krumm machen, um durch einen niedrigen Gang in das fast kreisförmige Sanktuarium unter einem geschätzt 24 Tonnen schweren Deckstein zu gelangen. 1839 begann der Verwalter der Krone mit ersten Grabungen am Erdhügel (mit knapp 40 m Durchmesser). Wohin die geborgenen Skelettteile von drei Erwachsenen und zwei Kindern gelangten, wird wohl Jean Fauvels Geheimnis bleiben.

La Rue des Marrettes | 20 Gehminuten landeinwärts von Gorey, das Sträßchen neben dem Restaurant Crab Shack steil bergauf, im Weiteren ausgeschildert | frei zugänglich

4 MERIAN EMPFEHLUNG

LA HOUGUE BIE

Der 14 m hohe Kulthügel ist das älteste Bauwerk der Kanalinseln (→ S. 39, S. 115). Er wurde während der Jungsteinzeit um 4000 v. Chr. aufgeschüttet. Im Innern entdeckte man im Jahr 1924 ein 22 m langes **Ganggrab**. Es wird von 60 hohen Steinplatten eingefasst, auf denen 16 Decksteine mit bis zu 20 t Gewicht lagern. In den Kammern am Ende des Gangs fand man Skelettreste von sechs Personen. Dennoch dürfte es sich bei der Anlage primär um eine Kultstätte gehandelt haben.

Auf dem Hügel steht eine **Doppelkapelle**. Notre-Dame de la Clarté im Westen wurde im frühen 12. Jh. erbaut, die Jerusalem-Kapelle im Osten um 1520 angefügt. Sie birgt zwei Deckenfresken, die Erzengel darstellen (Lichtschalter rechts).

Eine ausgezeichnete Ausstellung widmet sich dem **Celtic Coin Hoard**. 2012 entdeckten zwei Metallsucher auf Jersey den weltweit größten keltischen Münzschatz mit rund 70 000 Münzen und kostbaren goldenen und silbernen Schmuckstü-

Vor rund 4500 Jahren wurde der Eingang zur Kultanlage von La Hougue Bie verschlossen. Ungewiss ist, ob nicht wie andernorts Wikinger ins Innere vordrangen.

Im 19. Jahrhundert begannen Archäologen Dolmen zu restaurieren. Bei Le Trépied zeigte sich 1870, wie schwierig es war, tonnenschwere Decksteine zu bewegen.

Die Meister der Hinkelsteine

Eine beachtliche Zeitspanne besteht zwischen dem Verschwinden der Neandertaler, lange vor dem Höhepunkt der letzten Eiszeit (vor 21 000 Jahren), und der Entwicklung der europäischen **Megalithkulturen**. Dabei stehen die Kanalinseln in der Diskussion selten im Vordergrund, die Monumente der Bretagne und Stonehenge scheinen weit prominenter. Dabei verdienen die **Dolmen** und **Menhire** durchaus Aufmerksamkeit.

Die ältesten Spuren von Kultbauten datieren in das fünfte Jahrtausend vor Christus, als sämtliche Inseln durch den postglazialen Anstieg des Meeresspiegels bereits von Wasser umgeben waren. Ob die Steinzeitmenschen mit primitiven Booten, möglicherweise Einbäumen, vom Kontinent gekommen waren oder sich mit der vordringenden See auf die Inseln zurückgezogen hatten, bleibt im Dunkeln. Als kleine, sesshafte Sippen betrieben sie entlang der Küsten primitiven Ackerbau.

Funde fein gearbeiteter Speerspitzen aus Feuerstein legen einen Austausch mit den Küsten Frankreichs nahe, denn auf den Kanalinseln gab es keine Lagerstätten von Flint. Als 1986 in

St. Ouen ein 7000 Jahre alter, 16 cm großer flacher Ring aus Jadeit, wie er nur in den Alpen vorkommt, entdeckt wurde, kamen erneut Fragen über die Wanderungsbewegungen der steinzeitlichen Ethnien auf. Die Verbindung mit dem Meer verkörpern reiche Funde von Napfschnecken oder Austern in Ganggräbern. In **La Hougue Bie** lagen auf dem Boden des Eingangs außerdem Knochen von Rindern, Schafen und Schweinen verstreut, wohl Reste von Opfergaben. Brandspuren an Tongefäßen stützen die Vermutung ritueller Handlungen zu Ehren einer Muttergottheit.

Die Steinzeitmenschen errichteten Kultanlagen für die Ewigkeit. Selbst lebten sie mit ihrem Vieh unter einem Dach in Langhäusern aus Naturmaterialien. Bis heute erstaunt ihre Bautechnik angesichts der verfügbaren Werkzeuge.

Auch wenn Obelix die Hinkelsteine mit Leichtigkeit wuchtet, in der Realität war eine ausgefeilte Technik nötig, um Decksteine von bis zu 20 Tonnen Gewicht zu bewegen. Plausibel scheint der Einsatz von Rollen, Seilen, Rampen und möglicherweise dicken Bahnen von Seetang sowie unzähligen Menschen.

Betrachtet man die Lage der Stätten, so ist ihnen in der Regel eine erhöhte Position gemein – und die Aussicht aufs Meer, selbst auf den kleinen Inseln Sark und Herm. Wie Perlen einer Kette liegen die Dolmen entlang der Küsten aufgereiht. Über die megalithische Kernstruktur häuften die Erbauer einen Hügel aus Lesesteinen und festigten ihn mit einer Trockensteinmauer. Sie ist über Hougue Bie noch erhalten. Zudem wurden seitlich mehrere Lagen von Erdreich abgebösht und jeweils mit Steinen befestigt (auch bei Faldouet Dolmen, Jersey, zu sehen). Bei Anlagen wie **Le Déhus** und **Le Creux ès Faïes** in Guernsey festigt eine Ringmauer aus großen Orthostaten den Hügel.

Bis 2000 v. Chr. muss ein Wandel der Kulte eingetreten sein, Hougue Bie war vermutlich bereits 500 Jahre vorher verschlossen worden. Die Bedeutung einiger Kultplätze aber fand Eingang in den keltischen Kulturkreis und wurde ins Mittelalter überliefert. Sie galten als mystische Orte, nicht zuletzt als Versammlungsorte der Hexen. Die im 12. Jahrhundert errichtete Kapelle von Hougue Bie sollte dem Berg seinen Zauber nehmen.

cken. Sie waren zu einem Brocken von knapp einer Tonne Gewicht verklumpt. Informationen über den eiszeitlichen Charakter der Insel, die steinzeitlichen Erbauer der Kultstätte sowie die gallo-römische Epoche bietet der zweite Museumsraum. Des Weiteren ergänzt das von Freiwilligen mit primitivsten Mitteln erbaute **Langhaus** unsere Vorstellung vom Leben vor rund 6000 Jahren. Im Zweiten Weltkrieg legte die deutsche Wehrmacht auf dem Gelände einen Bunker an, der heute eine **Gedenkstätte** für die Zwangsarbeiter beherbergt.

Grouville, nahe der Kreuzung B 46/B 28 | Mitte März–Okt. tgl. 10–17 Uhr | Eintritt 9,90 £, Jersey Heritage Pass (→ S. 212)

Übernachten

Küste ganz privat
BEN MOR

Wer bei Anne und Helier eines der hellen, geschmackvoll eingerichteten Zimmer bucht, hat Europas größtes Felsenwatt vor der Tür. Das Frühstück im Wintergarten stimmt auch bei Regen heiter.

Pontac Common, St. Clement | Tel. 85 36 31 | www.benmor-jersey. com | 3 Zimmer | Juni–Sept. | €

Landadelig
LONGUEVILLE MANOR

Einige Gebäude dieses zum Luxushotel umgewandelten Herrenhauses stammen aus dem 13. Jh. Die individuelle Einrichtung der Unterkünfte reicht von Antiquitäten bis zu geschmackvoll ausgewähltem modernem Design.

Longueville Rd. | Tel. 72 55 01 | www.longuevillemanor.com | 26 Zimmer, 4 Suiten | €€€€

Einladend englisch
MAISON GOREY

Ein charmant gestaltetes, ruhig gelegenes Drei-Sterne-Hotel mit etwas kleinen Zimmern, doch die Lage ist ideal: mitten im Ort, zu Fuß nur wenige Minuten zu Strand und Golfplatz, 15 Gehminuten nach Gorey Harbour.

Gorey Village, Main Road | Tel. 85 77 75 | www.maisongorey.com | 30 Zimmer | €€

Essen und Trinken

Leger am Strand
BEACH CAFES

Angefangen von Greve d'Azette über Green Island und La Rocque bis Gorey servieren

Hotels wie Longueville Manor verbinden die einladende Atmosphäre nobler Landsitze mit modernen Annehmlichkeiten wie einem Pool und exquisiter Küche.

an den Stränden Kioske ab 10 bzw. 11 Uhr bis zum frühen Abend Getränke, Burger und Sandwiches. Manche haben auch Eis im Angebot.

Edelste Beachbar der Kanalinseln
GREEN ISLAND RESTAURANT
Der Reiz dieses kleinen Restaurants mit Terrasse liegt in seiner legeren Atmosphäre und den mediterran inspirierten Gerichten. Dennoch finden sich auf der Karte auch britische Klassiker wie ein herzhaftes Steak mit *mushroom pudding* und Desserts wie *bakewell tart*.

Green Island | Tel. 85 77 87 | www.greenisland.je | Di–Sa 12–14.30, 18.30–21.30, So 12–14.30 Uhr, im Winter teils nur am Abend | €€–€€€

Herzhaftes im Pub
SEYMOUR INN
Wer frische Austern schätzt, hier gibt es sie zu einem reellen Preis – und eine immer solide Marktküche. Gemütliche Captain's Bar neben der Public Bar, und es stehen Tische im Freien nah am Meer.
Rue du Puits Mahot, Ecke Grande Route des Sablons | Tel. 85 45 58 | Pub 11–23 Uhr, Küche Mo, Mi–Sa 12–14.15, 18–21, So 12–20 Uhr | €–€€

Was die Fischer aus Hummer- und Krebsreusen entlang der Küsten anlanden, bietet den Küchenchefs der Speiselokale Produkte höchster Qualität.

Fish & Chips perfekt
ENTWHISTLES

Seit über 30 Jahren der Take-away im Osten der Insel für frittierten Fisch, Pommes und *mushy peas* – pürierte Erbsen. Schon probiert? Den typisch britischen Spritzer Essig über die Pommes?
Gorey Village, Main Road | Tel. 85 46 03 | www.entwhistles.com | Mo–Fr 11.30–13.30, 17–22, Sa bis 21 Uhr, Okt.–März nur abends | €

Innovatives Gastropub
BASS AND LOBSTER

Die Küche hält, was der Name verspricht. Dabei sind Steaks und Burger gleichfalls fein zubereitet. Modern gestaltete Räumlichkeiten, dennoch in gemütlicher Atmosphäre.
Gorey Coast Road | Tel. 85 95 90 | www.bassandlobster.com | Di–Sa 12–14, 18–20.30, So 12–15 Uhr | €€–€€€

Ambitionierte Küche
SUMAS

Der Hafenblick von der ver-glasten Terrasse ist herrlich, die hohe Qualität der Speisen wird von vielen gelobt. Die Mittagsmenüs bieten das beste Preis-Leistungs-Verhältnis. Am Wochenende Brunch.
Gorey, Gorey Hill | Tel. 85 32 91 | Mi–Sa 12–14.30, 18–21.30, Sa, So auch Frühstück 9.30–11, So Lunch 12–15.30 Uhr | €€€

Einkaufen

Souvenirs, Souvenirs ...
JANE JAMES – COASTAL

Die bekannte Keramikerin (→ S. 49) verkauft hier neben ihren getöpferten Fischen Werke anderer lokaler und internationaler Kunsthandwerker. Ferner gibt's leckere »Genuine-Jersey«-Produkte.

Mont de Gouray, Gorey Harbour | www.jane-james.co.uk | tgl. 10–17 Uhr, im Winter kürzer

Maritime Mode
OLD SAIL LOFT

Nette Boutique, vor allem um sich nach Allwetter-Klassikern wie Guernsey-Wollpullovern (→ S. 50) und trendigen Windjacken umzusehen.

Gorey Pier, Gorey | tgl. 10–18 Uhr

DER NORDOSTEN D/E4

Die Küsten steil und felsig, die agrarische Knicklandschaft des Hinterlandes durchfurcht von Bächen, sodass es bei Fahrradtouren immer auf und ab geht – die Reize des Nordostens sind seine Natur sowie recht unterschiedliche Attraktionen: der Zoo, eine Orchideenzucht, der winzige Fischerhafen **Rozel**. Bei schönem Wetter locken die Strände der **St. Catherine's Bay**, am rot-weißen **Archirondel Tower** (18. Jh.) oder bei **Anne Port**.

Sehenswertes

MERIAN TOP 10

JERSEY ZOO

Der im seinerzeit noch britischen Indien geborene Zoologe Gerald Durrell (1925–1995) gründete 1959 diesen mustergültigen Tierpark und vier Jahre später eine Stiftung zum Schutz der vom Aussterben bedrohten Tierarten. Überwiegend Letztere werden in der weitläufigen Parklandschaft des früheren Gutes **Les Augrès Manor** gehalten und weitergezüchtet, seien es Kröten von der Karibikinsel Montserrat oder afrikanische Silberrückengorillas. Lieblinge sind neben den Gorillas bei den Besuchern die Orang-Utans, Erdmännchen und Flughunde.

Zum Verständnis des **Durrell Wildlife Conservation Trust**
und der Tiere geben täglich Pfleger kurze Vorträge, u. a. verbunden mit der Fütterung. Ein Porträt von Gerry Durrell
selbst zeichnet eine Ausstellung beim Gutshof. Die Stiftung,
heute geleitet von Lee Durrell, kämpft seit Jahren weltweit für
den Erhalt von Gebieten, in denen Tiere bedroht sind, beispielsweise die Urwaldheimat der Orang-Utans auf Sumatra.
Profonde Rue, Trinity | www.durrell.org/wildlife/visit | Sommer tgl.
9.30–18 Uhr, auch Abendöffnungen, Winter bis 17 Uhr | Eintritt 16,50 £ |
Café »Firefly« und Laden frei zugänglich | Glamping im Zoo (→ S. 123)

ERIC YOUNG ORCHID FOUNDATION

Schwelgen in der Pracht von Orchideenblüten in einem Glashaus
mit Urwaldatmosphäre – wo einst Tomaten reiften. **Eric Young**
(1911–1984) hatte früh eine Passion für diese Pflanzen, verlor
jedoch im Zweiten Weltkrieg seine erste Sammlung. Später erfolgreich als Geschäftsmann in Jersey, begann er von Neuem zu
züchten. Viele seiner Hybriden benannte er nach Orten der Insel, und so entdeckt man zwischen Helikonien und Farnen im
Orchideenpalast z. B. eine rosafarbene »St. Helier«. Die Erfolge
der mühsamen Aufzucht – es kann bis zu zehn Jahre vom Kei-
men bis zur ersten Blüte dauern – spiegeln die Trophäen im Ein-
gangsbereich sowie das Panorama der Anzuchtgewächshäuser.
Victoria Village, Rue du Moulin de Ponterrin | www.ericyoungorchid.org |
Feb.–Mitte Dez. Mi–Sa 10–16 Uhr | Eintritt 6,50 £ (kein Verkauf)

ROZEL

Postkartenbunt zeigt sich die lustige Imbissbude des **Hungry
Man** (→ S. 126) Schulter an Schulter mit den roten Hütten der
Fischer. Dazu ein Pier, wo im Winter Boote sicher im Trockenen ruhen. Dazwischen Staukisten und Netze, Hummerpötte
und Bojen, mit denen die Fischer Reusen markieren. Der kleine

Im Hafen von Rozel liegen wohlvertäut
zahlreiche Fischerboote, erkennbar
an ihrer Registrierung mit einem »J«.
Freizeitboote weisen ein »JY« auf.

Hafen nahm im 19. Jh. durch die Austernfischerei Aufschwung und zählt zu den schönsten der Kanalinseln. Vor der ehemaligen **Kaserne** (Anf. 19. Jh., Privathaus) senkt sich sanft der Sandstrand meerwärts. Die Wellen schleifen die kleinen Kiesel aus vulkanischem Konglomerat, verwischen die Sandburgen der Kinder. Möwen suchen in den Tangresten nach Nahrung.

Ein kleines Seitental oberhalb des Hafens galt im 19. Jh. als exotisches Pflanzenparadies. Als **Hotel Château la Chaire** (→ S. 124) empfängt Charles Fletchers ehemaliger Landsitz auch zum Cream Tea auf der Terrasse oder im Salon.

● IM VORBEIGEHEN ENTDECKT

SAIE BAY

Östlich von Rozel versteckt sich diese stille Bucht, ausgeschildert auch als Le Scez. Von einem Plateau oberhalb der Küste blickt ein Wachhaus aus napoleonischer Zeit über das Meer, in unmittelbarer Nachbarschaft befindet sich der **Dolmen Le Couperon** (2850 v. Chr.). Der winzige Hafen ist der perfekte Ort für ein Picknick, um durchzuatmen und Natur auf sich wirken zu lassen (per pedes oder Fahrrad über einen Feldweg von der Grande Route de Rozel, mit dem Pkw über die Rue du Scez).

ST. CATHERINE'S BREAKWATER

Als Reaktion auf den Bau von Cherbourg begann man in Jersey 1847 mit dem Bau eines Fluchthafens für die britische Kriegsmarine. Die Arbeiten wurden 1878 eingestellt, denn die Schiffe waren zu groß geworden und Frankreich ein friedlicher Nachbar. Die 800 m lange **Mole** ist heute ein angenehmer Spazierweg. Verclut Point

Übernachten

Luxus mit Antiquitäten
CHÂTEAU LA CHAIRE
Inmitten sattgrüner Vegetation erhebt sich ein Boutique-hotel mit englischer Noblesse: Edler Lüsterglanz im Salon mit Flügel, holzgetäfelt die Bar – genau so, wie man sich den Rückzugsort der männlichen Gesellschaft im 19. Jh.

Wie andere jungsteinzeitliche Kultanlagen befindet sich der Dolmen von Le Couperon oberhalb der Saie Bay an einem Ort, der Blicke aufs Meer gewährt.

vorstellt. Elegante Zimmer und exzellentes Restaurant.
Rozel, La Vallee de Rozel | Tel. 86 33 54 | www.chateau-la-chaire. co.uk | 14 Zimmer | €€€€

Glamping
DURRELL WILDLIFE CAMP

Die glamouröse Variante des Campings liegt im Trend. Gäste wohnen in mit Doppelbetten und Öfen komfortabel ausgestatteten Jurten und tauchen ein in die Geräuschkulisse des Dschungels, der morgendliche Weckruf der Lemuren inbegriffen. Private Bäder, Gemeinschaftsküche.

Jersey Zoo, Profonde Rue, Trinity | Tel. 86 00 97 | www.durrell.org/ wildlife/visit/hospitality/camp | bis zu 54 Gäste | €€€

Essen und Trinken

Kulinarisch bunt
CAFÉS

Auf einer Tour im Nordosten findet man Stärkung im **Driftwood Café** (Archirondel, www.facebook.com/driftwoodcafe1) sowie im **Rozel Bay Tea Room** (La Brecque du N, www.rozelbaytearoom. co.uk): üppige Sandwiches, Schmackhaftes aus dem Meer und fabelhafte Kuchen.

Château La Chaire wieder im Dornröschenschlaf

Das Sonnenlicht flimmert durch das lichte Laubdach an der Terrasse, zwischen den Zweigen erhascht man den Blick auf baumhohe Rhododendren, der Laubengang zur Straße ist im Frühling ein duftender Tunnel lilafarbener Glyzinien: Tea time im Château La Chaire. Das edle Hotel ist eine Oase des Luxus und der Gartenkultur im Dornröschenschlaf. Das Haus selbst erzählt die Geschichte eines jungen britischen Adligen, der sich in den frühen 1890er-Jahren in ein *gaity girl* aus London verliebt hatte. Dass die Revuetänzerin einen unehelichen Sprössling mit in die Ehe brachte, schien für **Charles Arthur Fletchers** Familie untragbar. Gegen eine Entschädigung von 64 000 £ (heute ungefähr 5,2 Millionen £) schloss sie den Sohn von der Erbfolge aus. Die Jungvermählten gönnten sich ein Leben im Luxus –

La Chaire hieß einst ein überhängender Fels, den man in den Napoleonischen Kriegen gesprengt hatte, um oberhalb von Rozel Harbour Kanonen zu positionieren. Ab 1841 jedoch war das Areal zum Inbegriff botanischer Opulenz geworden.

auf einer Jacht oder in den Nobelhotels der südenglischen und französischen Küste. Wohl durch Zufall entdeckten die Fletchers im Jahr 1898 La Chaire und seinen Garten.

Seine Üppigkeit verdankte das Anwesen **Samuel Curtis** (1779–1860). Er hatte sich mit Pflanzungen in Glazenwood (Essex) sowie als Herausgeber von »Curtis' Botanical Magazine« einen Namen gemacht. Aus den Kolonien schickten Pflanzenjäger Schiffsladungen von Gewächsen in die Alte Welt. Und dort scheuten Botaniker keinen Aufwand, die Kreaturen unter Glas zu akklimatisieren. 1841 entdeckte Curtis Jersey auf der Suche nach einem Areal, um Exotisches im Freiland an raueres Klima zu gewöhnen. Geschützt vor frostigen Winden, eine Seite der Sonne zugewandt, die andere schattig, schien das Tal oberhalb von Rozel ideal zu sein. Seine Kontakte zu den Royal Botanical

So weit das Auge reicht, bestimmt Grün das Tal rund um Château La Chaire. Spärliche Farbtupfer verweisen auf die verlorene Pflanzenpracht des 19. Jahrhunderts.

Gardens von Kew gewährten Curtis günstig Zugang zu den Exoten. Er pflanzte Windschutzhecken, terrassierte die Hänge und führte gemeinsam mit seiner Tochter **Harriet Fothergill** Besucher durch sein subtropisches Paradies. Nach Curtis' Tod organisierte sie zur Tea time Kutschfahrten von St. Helier.

Als Harriet 1888 starb, wurde es still um La Chaire – bis Charles Fletcher auftaucht. Er investiert in die Stabilisierung der Hänge und in ein Bewässerungssystem. Seine kostspielige botanische Liebe gilt unter anderem Magnolien, Kamelien, Bambus und Strauchpäonien. Der Garten und das neue Haus (heute ein Hotel) bleiben sein exklusives Privatvergnügen. 1907 erliegt er einem Leberleiden. Während des Zweiten Weltkriegs, der Besitz war 1921 an Arthur Nicolle verkauft worden, transportieren die Besatzer Pflanzen nach Deutschland.

Mehrfach wechseln danach die Besitzer, das Grundstück wird zerstückelt, das Fletcher-Haus zum Hotel. Als **Tony Russell**, Journalist und Produzent der BBC-Serie »Hidden Gardens«, durch einen Zufall auf den Garten aufmerksam wird, beginnt er buchstäblich im Curtis-Fletcher-Erbe zu stochern. Metallsucher finden 2003 mehr als 200 alte Pflanzenschildchen, es entsteht ein klareres Bild der früheren Pracht. Weniger in der überwiegend grünen Wildnis der Hotelanlage als in den Privatgärten rundum ahnt man heute, was einst Samuel Curtis' enthusiastische Kollegen nach La Chaire lockte.

Beim Hungry Man trifft sich Jersey – morgens die Jugend nach einer durchzechten Nacht, später Familien zum Lunch oder zu Tee und Kuchen am Nachmittag.

5 MERIAN EMPFEHLUNG

Himmlische Eiscreme
ST. CATHERINE'S CAFÉ
Aus gutem Grund ist die Eisbude des St. Catherine's Café am Breakwater häufig umlagert, eine der besten Quellen für Softeis von Jersey Dairy.
Di–Sa 8–19, So, Mo bis 17 Uhr

Gemütliches Gastropub
THE ROZEL PUB & DINING
Produkte des Meeres und heimischer Höfe, zubereitet nach alten und neuen Rezepten. Und die *locals* palavern an der behaglichen Bar.

Rozel, La Vallee de Rozel | Tel. 86 34 38 | Bar tgl. 11–23, Küche 12–14.15, So bis 15.30, Mo–Do 18–21, Fr, Sa bis 21.30 Uhr | €€

MERIAN EMPFEHLUNG 6

Immer heiter
THE HUNGRY MAN
Die heiter dekorierte Sandwichbude zieht im Hafen von Rozel alle Blicke der Passanten auf sich. Mit belegten Broten, warmen Imbissgerichten und Kuchen gehört »Der hungrige Mann« zu den beliebtesten *beach cafes*.
Rozel Harbour | Di–So 9.30–17.30, Winter Di, Fr–So 10–14 Uhr

DIE GRÜNE MITTE C4–D5

Schnell verliert man sich im Herzen der Insel im Labyrinth der *country roads* und *green lanes*. Über die steilen Feldraine wuchern Blütenteppiche, gekrönt von Weißdorn- oder Schlehenhecken. Hier wird intensiv Landwirtschaft betrieben, hier lohnt es sich zu wandern oder zu radeln, nicht nur wenn es an der Küste stürmt. Das **Water Works Valley** steigt langsam an zur Inselmitte. In Laubwald eingebettet, erstreckt sich die Kette von Speicherseen, die zu Jerseys Wasserversorgung beitragen.

Im oberen Bereich erklären Tafeln am **Sentier des Moulins**, dem Mühlenweg, die Vegetation und Tierwelt. Sechs Mühlen nutzten einst die Kraft des Wassers. An einer Lichtung sitzt imposant eine mächtige Kröte, ein *crapaud* aus Weidengeflecht, stolze Wächterin am Beginn des **Crapaud Trail** (ca. 1 km). Schließlich erreicht man das Museumsgut von **Hamptonne**, ein Spiegel ländlichen Wohlstands. Fünf düstere Jahre der Besatzung im Zweiten Weltkrieg dokumentieren die **Jersey War Tunnels** in einem Seitental des St. Peter's Valley, das mit seinem üppigen Baumkleid zum Wandern oder Radfahren einlädt.

Sehenswertes

MERIAN TOP 10

JERSEY WAR TUNNELS

Das von den Deutschen als Munitionslager angelegte **Tunnelsystem** ist Jerseys meistbesuchte Sehenswürdigkeit. In bis zu 100 m langen Gängen, die in das Schiefergestein gesprengt wurden, informiert die hervorragende Dokumentation »Captive Island« über die Besatzungszeit aus dem Blickwinkel der Einheimischen. Welchen Restriktionen waren sie unterworfen? Wie versuchte man die deutschen Vorschriften zu unterlaufen?

Beim Bau der Anlage 1941–1944 kam ein Teil der rund 6000 auf die Insel verschleppten Zwangsarbeiter unter unmenschlichen Bedingungen zum Einsatz. 43 900 t Schiefer wurden bewegt, 6000 m³ Beton verbaut. Nach 1944 sollten die zum Lazarett umgebauten Räume 500 Verwundete aufnehmen. Krankenzimmer, Apotheke und Operationssaal sind zu sehen. Andere Stollen zeigen Waffen, Fotos und Videodokumente.

St. Lawrence, Les Charrières Malorey | www.jerseywartunnels.com | Mitte Feb.–Okt. tgl. 9.30–17.30, Nov. 9.30–15 Uhr, Einlass bis 90 Min. vor Schließung | Eintritt 15 £

HAMPTONNE COUNTRY LIFE MUSEUM

Die Neuzeit macht vor den alten Gehöften aus Rosagranit nicht halt. Verschwunden sind die Reetdächer, an Kaminen ragen Hexensteine funktionslos in die Luft (→ S. 26). Dreht man beim Besuch des Museumsgutes die Zeit um 400 Jahre zurück, erklärt sich so einiges. Als Steuereintreiber der Krone unterstützte Laurens de Hamptonne während des Englischen Bürgerkriegs Kronprinz Charles (später Charles II.). Dieser wiederum zeigte sich erkenntlich und erhob den Besitz zum *fief*, einem königlichen Lehngut mit diversen Sonderrechten.

Nach früheren Besitzern sind die Hauptgebäude benannt. Unter dem mächtigen Reetdach des **Hamptonne-Hauses** berichtet die *goodwyf*, was am ehesten mit Haushälterin zu übersetzen wäre, von den Mühen des Feuermachens oder der Zubereitung von Tees aus Wildkräutern im 17. Jh.

Zum Wohnbereich des älteren **Langlois-Hauses** muss man eine Außentreppe emporsteigen, ebenerdig liegen die Geräteschuppen und Ställe. Im Sommer sind sie sogar besetzt: mit Jersey-Kälbern, Schweinen und jeder Menge Federvieh.

Im lang gestreckten **Syvret-Haus** aus dem 19. Jh. wird beim Fest des Cidre-Pressens (→ S. 47) die Scheune zum quirligen Mittelpunkt. Schwere Kaltblüter ziehen dann im Wechsel den Mühlstein für die erste Pressung der Äpfel.

St. Lawrence, La Rue de la Patente | www.jerseyheritage.org | Mitte März–Sept. 10–17 Uhr | Eintritt 9,60 £

LE MOULIN DE QUÉTIVEL

Schattige Wege winden sich durch das Mühlental **St. Peter's Valley**. Eine halbe Stunde wandert man von der St. Aubin's Bay bei Beaumont anfangs auf einem ehemaligen Perquage-Weg (→ S. 33) zur stattlichen **Tesson Mill**. Als man im 19. Jh. Getreide steuerfrei u. a. aus dem Baltikum einführte, um es gemahlen gewinnbringend bis nach Amerika zu exportieren, investierten die Besitzer in Dampfmaschinen für den Betrieb des Mahlwerks (Erklärung auf Schautafeln).

Le Moulin de Quétivel weiter talaufwärts wirkt dagegen sehr mittelalterlich. Ein Kanalsystem führt das Wasser zu einem oberschächtigen Mühlrad. Im Innern informiert eine Ausstellung (mit Video) über die Geschichte und die Arbeit der Müller. Traditionell wohnten diese in der Mühle, die seit dem 13. Jh., als sie Kronbesitz war, vielfache Veränderungen erfuhr. Dem National Trust ist es zu verdanken, dass die Räder heute wieder geschmeidig ineinandergreifen, die Getreideschütten funktionieren und das Mehl in Säcke rieseln kann. St. Peter's Valley | www.nationaltrust.je | Mai–Sept. Mo, Di 10–16 Uhr | Eintritt 3 £ | mit Shop und Café

Übernachten

Romantisch edel
GREENHILLS COUNTRY HOUSE HOTEL & RESTAURANT
Das kleine Luxushotel mit seinem Blumenhof entstand in einem Gutshof, dessen attraktive Granitbauten bis ins 17. Jh. zurückgehen. Eine ausgesucht individuelle Ausstattung prägt die Räume im englischen Landhausstil. St. Peter's Valley | Tel. 0 84 58 00 55 55 | www.seymourhotels.com/greenhills-hotel | 33 Zimmer | €€–€€€

DIE KÜSTE DES NORDENS B4–D4

Zwischen jähen Felsabbrüchen spannen sich wogende Hänge, Höhlen öffnen bei Ebbe ihre geheimnisvolle Tiefe. Manchmal erhascht man auch aus der Ferne des Klippenpfads einen unerwarteten Blick in Felsspalten. Von **Grosnez** (→ S. 104) bis **Rozel** wandert man entspannt zwischen idyllischen Buchten, in denen man auch schwimmen kann, Strandcafés servieren vielfältige Erfrischungen, und gute Busverbindungen vereinfachen die Urlaubsorganisation sehr. Ebenso zählt ein kleines Weingut zu den Attraktionen des Nordens.

Bonne Nuit Bay mit seinen bunten Booten ist einer der schönsten Fischerhäfen auf Jersey. König Charles II. soll hier während des Englischen Bürgerkriegs mit den Worten »Bonne nuit, belle Jersey« das Schiff bestiegen haben, das ihn ins Exil nach Frankreich bringen sollte. Die bei Tauchern geschätzte **Bouley Bay** ist gleichfalls ein idealer Start- oder Endpunkt für Küstenwanderungen und trotz des Kiesstrandes ein angenehmer Ort zum Schwimmen. An der ebenfalls von einer Steilküste umrahmten **Plémont Bay** verlockt die flache Sandsichel, barfuß zu laufen und einige Höhlen zu erkunden, ehe sie bei Flut in den Wellen versinken. Anschließend genießt man den Blick auf den Atlantik und die Nachbarinseln vom kleinen Café, das wie ein Falkennest auf einem Felsplateau sitzt.

Sehenswertes

DEVIL'S HOLE

Wie wird aus einem Schraubloch ein Teufelsloch? Durch Verballhornung. Das französische »Creux de Vis« formten Briten vermutlich zu »de vis hole« um – da war der Schritt zu »devil's hole« nicht groß. Das Teufelsloch ist ein 30 m tiefer **Felstrichter**, der Rest einer vom Meer ausgewaschenen Höhle, deren Decke einbrach. 1851 schwemmte die Galionsfigur des gestrandeten Kutters »Josephine« in die Creux de Vis. In den Händen des Bildhauers Jean Giffard verwandelte sich die Figur zum Teufel am Rand der Höhle und lockte furchtlose Besucher eine steile Treppenflucht in die Tiefe. Inzwischen grüßt eine überdimensionierte Version des gehörnten Besuchers unweit des Priory Inn, wo der Sandweg zur Devil's-Hole-Plattform beginnt.

Oberhalb des Pubs beginnt der Klippenweg zu **Sorel Point**. Häufig weiden auf den Hängen zur Landschaftspflege die Manx Loaghtans, eine Schafrasse von der Isle of Man, die bis zu vier Hörner hat und dem früher auf den Inseln heimischen Typ nahekommt. Seit 2013 hört man auch wieder die Rufe der Alpenkrähen *(red billed choughs, Pyrrhocorax pyrrhocorax)*, deren Auswilderung die Jersey Zoo unterstützte.

St. Mary | 15 Min. ab Pub Priory Inn, zahlreiche Treppenstufen

Rebsorten wie Seyval Blanc, Orion, Regent und Rondo bilden die Grundlage der leichten Cuvées, ob weiß, rosé oder rot, aus der Kellerei des La Mare Wine Estate.

LA MARE WINE ESTATE
Der Weinanbau begann auf Jersey erst in den 1960ern mit der Passion eines Weinhändlers aus Nordengland, liegt doch die Insel auf derselben geografischen Breite wie die Champagne. Details über die Rebkultur auf gut 5 ha und viel Interessantes über die Cider- und Apple-Brandy-Produktion, die Herstellung von Weichkaramell *(fudge)*, Pralinen und Black Butter (→ S. 54) erfahren Sie bei den Führungen durch das Gut La Mare.
St. Mary, La Grande Rue/Rue de la Hougue Mauger | www.lamarewine estate.com | März–Okt. tgl. 10–17 Uhr, Führungen ab 10.45 Uhr etwa stündl., Laden auch Nov.–23. Dez. Mo–Sa 10.30–15.30 Uhr | Eintritt 10,50 £ | Restaurant mit Terrasse direkt bei den Rebgärten

GRÈVE DE LECQ & BARRACKS
Ein goldfarbener Sandstrand lädt bei Ebbe zum Sonnen und Baden in die Bucht, die Lokale, ob Strandcafé oder uriges Pub, besänftigen den Magen, der nach einer Wanderung etwa von Devil's Hole oder Plemont her sein Recht einfordert. Militärische Akzente setzt der **Wehrturm** oberhalb des Strandes, ein Wächter gegen Angriffe der Franzosen, denn in Zeiten der Se-

Im Osten der Bucht von Grève de Lecq erhebt sich kegelförmig Le Câtel, ein eisenzeitliches Fort, von dem aus das Land weit nach Westen hin zu überblicken ist.

gelschiffe war die Bucht von Grève einer der besten Häfen der Nordküste. Die früheren **Kasernen** (*barracks*, 19. Jh.) waren die Basis für eine Garnison von 250 englischen Soldaten. Teils als Ferienwohnungen (Nat. Trust) genutzt, ist die Anlage während des Sommers im Außenbereich zugänglich.

7 MERIAN EMPFEHLUNG

JUDITH QUÉRÉE'S GARDEN

In der Senke eines steilen Tals liegt der traumhaft schöne private Cottage Garden, durch den die Besitzerin in den Sommermonaten mit Enthusiasmus selbst führt. Nicht nur, dass sie mit ihrem Mann Nigel das einst verfallende Haus restauriert hat und auf das Recycling von Materialien größten Wert legt, sie hat jede Pflanze in ihrem Paradies eigenhändig gesetzt. Von vielen Gewächsen kennt Judith Quérée (→ S. 44) auch die deutschen Namen, von den lateinischen ganz zu schweigen.

St. Ouen, Chemin des Garennes | Tel. 48 21 91 | www.judithqueree.com | Ende April–Mitte Okt. 10–16 Uhr, Touren 11 u. 14 Uhr mit Anmeldung | Eintritt 5 £, Gartentour 8 £ | kleiner Shop

Übernachten

Frankreich am Horizont
UNDERCLIFF SELF CATERING

Das freundliche Haus mit sehr gut ausgestatteten Apartments ist absolut ruhig an einem Hang oberhalb Bouley Bay gelegen – mit zauberhaftem Blick aufs Meer oder den Garten. Mit Sonnenterrasse und beheiztem Pool – ideal, wenn die See zu kühl ist.

Bouley Bay | Tel. 86 30 58 | www.undercliffjersey.com | 8 Apartments, Frühstück zubuchbar | €

Essen und Trinken

Mühlen-Pub
LE MOULIN DE LECQ

Das Gebäude ist an sich eine kleine Sehenswürdigkeit, einige Teile des Anwesens gehen auf das 12. Jh. zurück. Nach ganzen 600 Jahren Walkbetrieb wurde das Wasserrad 1929 stillgelegt. Ein gewaltiges Zahnrad prägt die rustikale Bar, im Garten gibt's erfrischende Getränke und *pub grub*, das Wasserrad im Blick.

Grève de Lecq | Tel. 48 28 18 | Pub 11–23 Uhr, Küche tgl. 12–14, 18–21 Uhr | €

Entspannend
PRIORY INN

Die Verbindung zu einem Kloster sucht man vergeblich in dem gemütlichen Granitbau mit sonniger Terrasse. Die Genüsse sind weltlicher Art – Biere der Liberation-Brauerei und schmackhafte Pubgerichte, ob Fish & Chips, Salate oder Cream Tea.

Devil's Hole | Tel. 48 53 07 | Pub 11–23 Uhr, Küche Mo–Fr 12–14.30, 17–20, Sa 12–20.30, So bis 20 Uhr | €

Unter Einheimischen
FONTAINES TAVERN

Ein Pub, wie es im Bilderbuch steht, verschachtelte Räume, niedrige Decken, mächtige Eichenbalken, ein offener Kamin. Einheimische schätzen die legere Atmosphäre des alten Pubs, die Küche überzeugt mit großzügigen Portionen.

St. John, La Route du Nord | Tel. 86 27 07 | Pub 11–23 Uhr, Küche tgl. 12–14.30, 17.30–20 Uhr | €

GUERNSEY

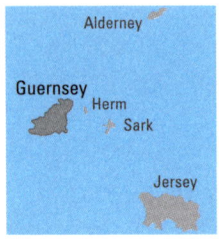

St. Peter Port empfängt Gäste mit Lebendigkeit und freundlichen Fassaden, Hafenflair, attraktiven Geschäften und bester Gastronomie. Im Hinterland umrahmt eine blühende Natur gemütlich wirkende Steinhäuser und setzt an imposanten Küsten liebliche Akzente.

Guernsey und seine 63 000 Einwohner bilden zusammen mit Herm, Sark und Alderney das zweite selbstständige Bailiwick der Kanalinseln. Finanzwirtschaft und Tourismus begründeten seinen Wohlstand, und die Bewohner profitieren von einem niedrigen Einkommensteuersatz von 20 %, ebenso wie ihre Nachbarn in Jersey. Guernseys Staatshaushalt ist kerngesund.

Vor allem aus der Luft fällt auf, dass die Insel dicht mit **Gewächshäusern** bedeckt ist. Bevor Großbritanniens EU-Beitritt den Inselbauern die Preise verdarb, wuchsen darin Guernsey Toms. Sie waren der Inbegriff für Qualitätstomaten. Seit Jahrzehnten verfallen die Gewächshäuser, nur wenige wurden für die Blumenzucht umgewidmet. Langsam setzt ein Umdenken ein, auf den Ladenregalen nehmen Gemüse mit dem Etikett »Guernsey grown« wieder breiteren Raum ein. Die **Milchproduktion** dominiert die Landwirtschaft. Dabei ist ihr Beitrag zum Staatseinkommen gering. Kosten Sie also heimische Milcherzeugnisse wie einen feinen Blauschimmelkäse aus Torteval.

Herrliche **Sandstrände** im Westen und grandiose **Steilküsten** im Süden, grüne Täler, schmale Landstraßen und abwechslungsreiche Klippenpfade eröffnen unendlich viele Möglichkeiten für Urlaubsaktivitäten. Kultur aus sechs Jahrtausenden lässt sich mühelos in die Touren einflechten, Dolmen, Burgen oder eine skurrile Literatenresidenz. Besatzerwahn hat unauslöschbare Spuren hinterlassen – viel Stoff, um fehlende Seiten in Geschichtsbüchern mit zukunftsrelevanten

Bereits die Römer erkannten die Vorteile des gut geschützten und tiefen Hafens im heutigen St. Peter, das nun ein beliebter Jachthafen für Segler aus England ist.

Gedanken zu füllen. Ernst und dabei humorvoll führt Mary Ann Shaffers Briefroman »Deine Juliet« in die deutsche Besatzungszeit während des Zweiten Weltkriegs. Guernseys spannende Gegenwart erleben Sie zwischen dem Jachthafen von **St. Peter Port** und Strandidyllen bei Cream Tea oder Fisch, frisch vom Kutter, mit Sonnenuntergang im Westen …

MERIAN EMPFEHLUNG

ST. PETER PORT C2

Stadtplan → S. 137

17 000 Einwohner

Der **Jacht- und Fährhafen** ist das große Plus der charmanten Inselhauptstadt. 1500 Liegeplätze verwandeln die Hafenbecken im Sommer in einen Wald schaukelnder Masten. Zusätzlichen Reiz gewinnt St. Peter Port durch die steilen Anhöhen, an denen die Häuser des 18. und 19. Jh. malerisch hinaufklettern. Gewundene Gassen und geheimnisvoll wirkende Treppenschluchten verbinden Ober- und Unterstadt miteinander. Eben ist nur der Uferstreifen, der dem Meer abgerungen wurde. Die Stadt an sich und ihre heitere Atmosphäre sind die Attraktion. So sollte man – abgesehen von Museumsbesuchen und einem Abstecher zum **Haus von Victor Hugo** oder **Castle Cornet** – genüsslich durch die Gassen schlendern oder an der Promenade Hafenatmosphäre schnuppern.

Sehenswertes

❶ LE POLLET UND SMITH STREET

In St. Peter Ports High Street, parallel zur Hafenpromenade, steht Fachwerk Schulter an Schulter mit großbürgerlichem Eklektizismus. Schmucke verschnörkelte Fassaden machen Lust, in Schaufenster zu blicken und einzukaufen. Guernseyaner war **Thomas de la Rue** (1793–1866), nach dem am nördlichen Ende von Le Pollet ein beliebtes Pub benannt ist. Als gelernter Drucker gründete er in Guernsey eine Zeitung, 1830 in London eine Spielkartenfabrik, aus der der weltgrößte Konzern für den Druck von Banknoten hervorging. De la Rues Konterfei ist – recht angemessen – auf einer der beiden Ein-Pfund-Noten Guernseys zu finden. Eine Tafel am Gebäude von Boots (sowie an der Town Church) erinnert an **General Isaac Brock**, der hier im Jahr 1769 geboren wurde. Er trat früh in die königliche Armee ein und gelangte so nach Kanada, wo er Kampftaktiken von den Indianern lernte. 1812 fiel er in der Schlacht von Queenston Heights, der Sieg seines Heeres aber rettete Kanada vor der Übernahme durch die Vereinigten Staaten.

⬤ IM VORBEIGEHEN ENTDECKT

❷ BARRIERE STONE

Gegenüber von Boots strebt die Smith Street bergauf, wo jenseits des Kriegerdenkmals Gericht und Parlament tagen bzw. das Hotel Old Government House seine Gäste verwöhnt. Abermals bezaubert die alte Bauzier der Gebäude. Auf halben Weg entdeckt man rechter Hand neben dem ehemaligen Postamt eine 1,5 m hohe **Steinsäule** in der Häuserfront. Dieser Barriere Stone von 1700 markierte den Kern des mittelalterlichen Handelszentrums. Einen zweiten Grenzstein dieser Art (insgesamt sind es fünf) entdeckt man vor dem Albion Pub bei der Stadtkirche.

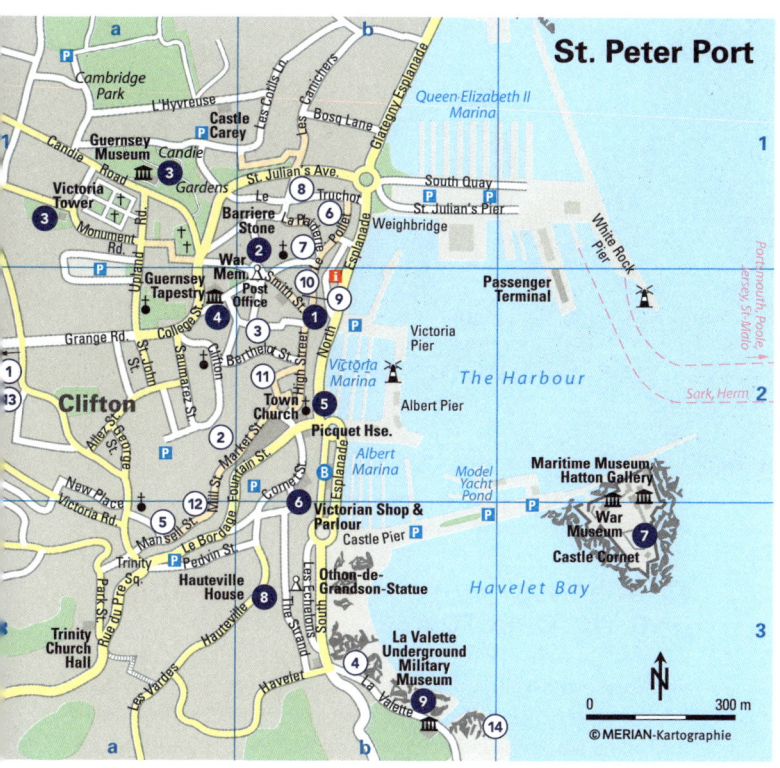

St. Peter Port

In Victoria Tower sollen sich Victor Hugo und Juliette Drouet mit ihren Initialen im Granit verewigt haben. Nur hat sie bislang niemand gefunden …

③ GUERNSEY MUSEUM, CANDIE GARDENS UND VICTORIA TOWER

Geschichte, Sehenswürdigkeiten und den Inselalltag illustriert das **Museum** im Park, u. a. mit Sonderschauen. In einer Vitrine der ständigen Ausstellung entdeckt man zauberhafte Quallen und Seeanemonen der berühmten deutschen Glaskünstler Leopold und Rudolf Blaschka aus den 1870er- und 1880er-Jahren.

Vom Teepavillon schweift der Blick zum Hafen über die **Candie Gardens** hinweg sowie einen Victor Hugo im sturmgeblähten Mantel (1914), ein Geschenk der Stadt Paris. Der Park und das viktorianische Gewächshaus gehörten einst zum herrschaftlichen Anwesen der Familie Priaulx (→ S. 44).

Die Aussicht belohnt für einen langen Atem, den die 99 Stufen im **Victoria Tower** fordern (Monument Rd.). 1848 war er in Erinnerung an den Besuch von Königin Victoria und Prinz Albert (1846) für 2000 £ aus privaten Mitteln errichtet worden, dort wo einst ein Menhir und eine Windmühle gestanden hatten. Das Liebespaar Victor Hugo und Juliette Drouet traf sich gerne im Turm – wer wohl damals den Schlüssel verwaltete? Er ist heute gratis für 30 Minuten im Museum erhältlich.

Candie Road | www.museums.gov.gg | Feb.–Dez. tgl. 10–16 Uhr | Eintritt 6,50 £, Discovery Pass (→ S. 211) | mit Buchladen und Café

❹ GUERNSEY TAPESTRY

Ein farbintensiver Überblick über 1000 Jahre Inselgeschichte in Etappen von jeweils 100 Jahren seit der Herrschaft der Wikingerfürsten: Viele flinke Hände aus den zehn Inselgemeinden stickten zur Jahrtausendwende die interessanten Paneele.

College St. | www.guernseytapestry.org.gg | Mo–Sa 10–16.30, Nov.–März Do 11–16 Uhr | Eintritt 5 £ | mit Café

❺ ST. PETER'S TOWN CHURCH

Die älteste Kirche der Hafenstadt wird erstmals 1048 in einer Schenkungsurkunde des Normannenherzogs Wilhelm erwähnt. Der schlichte gotische Bau datiert auf das 15. Jh. Im Innern stellen einige Kunstwerke den Bezug zum Kirchenpatron her, u. a. ein Relief an der Kanzel sowie das große Nordfenster (nach 1945 erneuert). Neben dem Bischofsstuhl im Chor schmückt eine Vertäfelung mit den Zehn Geboten in normannischem Französisch die Stirnwand.

Church Square

❻ VICTORIAN SHOP & PARLOUR

Im 1680 errichteten ältesten Stadthaus von St. Peter Port hat der **National Trust** seinen Sitz. Verlockend dekoriert sind der rekonstruierte Süßwarenladen und ein Salon aus der Zeit um 1900. Wenn die Verkäuferin hinter dem alten Ladentisch ein wenig Zeit übrig hat, schließt sie für ihre Kunden schon mal mit einer gewichtigen Kurbel die Jalousien.

26 Cornet St. | www.nationaltrust.gg | Ostern–Sept. Di–Sa 10–16 Uhr

❼ CASTLE CORNET

Guernseys bedeutendste Festung, erbaut auf Geheiß von König Johann Ohneland ab 1206, ist erst seit 1859 über eine fast 800 m lange Mole tideunabhängig erreichbar. Ihre gegenwärtige Form verdankt sie Umbauten im 17. und 18. Jh. In der Kaserne für verheiratete Soldaten wird bildhaft deutlich, wie diese vor 150 Jahren mit ihren Ehefrauen gemeinsam mit unverheirateten Soldaten in denselben Räumen lebten. Die Militärgeschichte beleuchtet das **Militia Museum**. Das **Maritime**

Museum zeigt u. a. römische Amphoren und Schiffsmodelle. Der Burghof dient im Sommer als **Freilichttheater**. Täglich um 12 Uhr erfolgt ein Böllerschuss aus der »Noon Day Gun«.

Am Rückweg zum Zentrum lohnt ein Abstecher südwärts zu **Les Echelons**. Neben der Niederlassung von Credit Suisse steht, wenig beachtet, ein überlebensgroßer **Othon de Grandson**, vor ihm ein Brunnen, der die Etappen seines Lebens darstellt. Ein Schweizer als »Keeper«, sprich Verwalter der Kanalinseln, war nichts Alltägliches anno 1277, als König Edward I. das Amt an Othon de Grandson (1238–1328) aus Savoyen übertrug. Er hatte sich als Page am Hof in London mit dem jungen Edward angefreundet und ihn auf dem Kreuzzug 1269–1271 begleitet. Othon galt als einer der größten Diplomaten seiner Zeit.

Castle Pier | www.museums.gov.gg | Mitte März–Okt. tgl. 10–17 Uhr | Eintritt 10,50 £, Discovery Pass (→ S. 211)

MERIAN TOP 10

⑧ HAUTEVILLE HOUSE

1856–1870 bewohnte der aus Frankreich verbannte **Victor Hugo** (→ S. 142) dieses stattliche Haus in der südlichen Oberstadt. Seine Erben schenkten es 1927 der Stadt Paris. Der Schriftsteller sagte einmal, ein Dekorateur sei an ihm verloren gegangen. Und man glaubt es aufs Wort, betrachtet man die mit Teppichen und Gemälden ausgefüllten Salons, die Küche im Delfter Kachelschmuck, die Bibliothek und das opulente Schlafzimmer. Seine »Schreibstube« war der Wintergarten im Dachgeschoss, wo er Herm und am Horizont Sark sah. Im **Haus Nr. 20** derselben Straße wohnte Hugo bei Ankunft in Guernsey zunächst zur Miete. Später kaufte er es für seine Geliebte Juliette Drouet.

38 Hauteville | Tel. 72 19 11 | www. maisonsvictorhugo.paris.fr | April–Sept. Mo, Di, Do–So 10–16 Uhr (letzter Einlass), nur Führungen, einige auch in Deutsch, frühzeitig reservieren! | Eintritt 10 £, Garten frei zugänglich

Im Salon Rouge sowie im Salon Bleu des Hauteville House lebte Victor Hugo seine fernöstlichen Fantasien als Inneneinrichter aus.

Victor Hugo, hier im Kreis seiner Familie auf der Terrasse von Hauteville House, wo er viele Jahre nur in Gesellschaft seiner Geliebten Juliette Drouet verbrachte.

WELTLITERATUR AUS DEM EXIL

H wie Hugo

Einen desillusionierten Politiker und Literaten porträtiert in den frühen 1850er-Jahren Charles Hugo in Havre de Pas. Sehnsuchtsvoll blickt Vater **Victor Hugo** (1802–1885) gen Frankreich, eine winzige Figur auf einem zerklüfteten Felsen, dem »Rocher des Proscrits«, dem Felsen der Verbannten, in Jersey. Zunächst auf Seiten von Louis Bonaparte und Abgeordneter in der Nationalversammlung, wendet sich für Hugo, der sich zunehmend als Liberaler und Republikaner definiert, das Blatt mit dem Staatsstreich vom 2. Dezember 1851 und der Diktatur von Napoléon III. Hugos Geliebte, die Schauspielerin **Juliette Drouet**, ermöglicht ihm mit einem Pass die Flucht nach Brüssel. Infolge seiner Publikationen über »Napoléon-le-Petit« muss er auch dort mit der Ausweisung rechnen.

Das nächste Ziel: **Jersey**, unter dem Schutz der englischen Krone, aber französischsprachig. Am 5. August 1852 bereiten dem arrivierten Schriftsteller französische Exilanten im Hafen von St. Helier einen stürmischen Empfang. Hugo logiert im Hotel Pomme d'Or, ehe er mit Familie in ein Haus am Strand von **Greve d'Azette** zieht. Im Wintergarten richten seine Söhne Charles und François-Victor ein Fotostudio ein. Die Faszination für das neue Medium springt auch auf den Literaten über. Er inszeniert Aufnahmen auf einem markanten Felsen. Und er zeichnet und malt auf Papier mit Bleistift, Tusche und Sepia. Er experimentiert mit der Federfahne, kreiert aus Zufälligem wie einem Tintenklecks Sinnhaftes. Kunstkritiker nennen es heute »Actionpainting«. 3500 kleinformatige Werke, viele dunkle Visionen einer Traumwelt, umfasst sein vorwiegend im Exil entstandenes Portfolio. Öffentlich stellt er nie aus.

Hugo bleibt in Jersey politisch hörbar. Als 1855 der Herausgeber der Zeitung »L'Homme« infolge der Veröffentlichung eines provokanten Briefs an Königin Victoria wegen ihres Besuchs bei Napoléon III. ausgewiesen wird, ergreift er Partei. Er wird gleichfalls der Insel verwiesen und kehrt ihr am 31. Oktober den Rücken. Das liberalere **Guernsey** ist seine Hoffnung. Im Kreis der Familie, Juliette Drouet in seiner Nähe, steht Hugo am Beginn einer kreativen publizistischen Phase. Der Erfolg der Gedichtsammlung »Les Contemplations« (1856) ermöglicht es ihm, das stattliche Haus **38 Hauteville** in St. Peter Port (→ S. 140) zu kaufen. Es folgen 1859 »La Légende des siècles«, 1862 der viel beachtete Roman »Les Misérables«, 1866 »Les Travailleurs de la mer«. Diesen Roman widmet er Guernsey. Hier findet er Inspiration für die Hauptperson, den Fischer Gilliat. Dessen Boot liegt in St. Sampson, für den Preis einer Schaluppe stellt er sich einem Segelwettbewerb nach Herm. Hugo selbst erkundet die Insel auf Wanderungen und Kutschfahrten in den Nachmittagsstunden. Morgens, so geht aus seinen Briefen hervor, widmet er sich dem Schreiben. Vorher erfrischt er sich bevorzugt im Meer bei den heutigen **La Vallette Bathing Pools** – ein wichtiges Element in Hugos sehr geregeltem Arbeitsalltag.

Trotz einer Generalamnestie in Frankreich 1859 bleibt Hugo weitere elf Jahre auf Guernsey, getreu seiner Aussage »Quand la liberté rentrera, je rentrerai«. Erst kurz vor Ausrufung der Dritten Republik verlässt er Guernsey mit Juliette Drouet – um bis 1878 noch dreimal für mehrere Monate zurückzukehren, denn »L'air de Guernesey est ce qu'il te faut, le souffle de l'océan et le souffle des fleurs« – »Guernseys Luft ist genau das, was man braucht, der Atem des Ozeans und der Atem der Blumen.«

❾ LA VALETTE UNDERGROUND MILITARY MUSEUM

Zur Versorgung deutscher U-Boote entstand während des Zweiten Weltkriegs ein Treibstofflager im Süden der Stadt unweit des viktorianischen Fort Clarence. In dem von Zwangsarbeitern gegrabenen **Tunnelsystem** informiert nun ein Museum auch über den Ersten Weltkrieg und Guernseys Bürgerwehr. Havelette Bay | www.lavalette.tk | März–Mitte Nov. tgl. 10–17 Uhr | Eintritt 5 £

Übernachten

① *Strahlende drei Sterne*
LES ROCQUETTES

Mit Stil gestaltete, moderne Räume und ein angenehmes Restaurant in einer früheren Stadtresidenz von 1765. Die Oak Bar ist ein beliebter Treffpunkt der Einheimischen mit interessanten vegetarischen/veganen Gerichten. In Ella's Lounge wird am Nachmittag Cream Tea zelebriert. Mit Pool und Garten. Eine Bushaltestelle liegt direkt vor dem Hotel. Les Gravees | Tel. 72 21 46 | www.lesrocquettesguernsey.com | 50 Zimmer | €€€

② *Über den Dächern*
ZIGGURAT

Eine Oase in der Oberstadt von St. Peter Port, dort, wo der Blick über das Häuserwirrwarr bis zum Meer schweift. Feinfühlig sind die Räume in sanften Farben gestaltet. Die Speisekarte des Restaurants spiegelt die Traditionen der arabischen Küche. Bei schönem Wetter wartet das Frühstück auf der Terrasse. 5 Constitution Steps | Tel. 72 30 08 | www.hotelziggurat.com | 14 Zimmer | €€

③ *Mittendrin*
DUKE OF NORMANDIE

Ein angenehmes Stadthotel nah zum Geschäftszentrum. Moderne, gut ausgestattete Zimmer, gemütliches Restaurant Pickled Pig mit ruhigen Sitzmöglichkeiten im Freien. Lefebvre St. | Tel. 72 14 31 | www.dukeofnormandie.com | 40 Zimmer | €€

Essen und Trinken

Zwischen 17 und 19 bzw. 19.30 Uhr bieten einige Lokale ein günstiges »early (bird) evening dinner« an. An der Hafenpromenade befinden sich die meisten Speiselokale. Viele haben sich auf Fisch und Meeresfrüchte spezialisiert, die Zubereitung erfolgt auf klassische, mediterrane oder asiatische Art. *Fine dining* oder legeres Ambiente, die Auswahl ist groß. So lohnt es sich, vorab einen Blick auf die Speisekarten zu werfen, beispielsweise von **The Boathouse**, **Le Nautique**, **Balthasar** oder **Slaughterhouse** (an der Ecke zu Castle Cornet).

9 MERIAN EMPFEHLUNG

④ *Mit einer Brise Meer*
OCTOPUS
Die ideale Terrasse, um fangfrisches Meeresgetier nach französischen Rezepten oder auch mit einer Thai-Note zu schmausen, wobei die Köche großen Wert auf heimische Produkte legen. Lassen Sie den Abend bei einem Cocktail ausklingen, wenn Castle Cornet im Licht der mächtigen Scheinwerfer erstrahlt.
Havelet Bay | Tel. 72 24 00 | www.octopusgsy.co.uk | Mi–Mo 9–0.30, Küche mit Pause am Nachmittag, Sa, So durchgehend, im Winter auch Mi geschl. | €€–€€€

⑤ *Feines ohne Pomp*
OLD QUARTER
Das kleine, schlichte Restaurant mit einer ambitionierten Küche liegt in der Altstadt.
15 Mansell St. | Tel. 72 72 68 | www.oldquarter.co.uk | Di–Sa 12–14, Mo–Sa 18–22.30 Uhr | €€

⑥ *Faire Preise*
LE PETIT BISTRO
In einem netten Altstadthaus *cuisine à la française* mit Zutaten aus Guernsey. Ein schöner Ort, um Austern von der Nachbarinsel Herm zu kosten.
56 Lower Pollet | Tel. 72 50 55 | www.petitbistro.co.uk | Mo–Sa 12–14, 18–22, Fr, Sa bis 22.30 Uhr | Bistro €€, Café €

⑦ *Mit VIP-Galerie*
HIDEAWAY PATISSERIE & BRASSERIE
Auf der Sonnenterrasse der Brasserie leisten den Gästen Berühmtheiten des Bailiwick Gesellschaft. Lassen Sie sich nicht von Carl Hester oder dem Literaten mit dem Rauschebart auf dem riesigen Wandgemälde von den traumhaften österreichischen Leckereien ablenken.
Le Pollet | Tel. 72 44 52 | Bar Mo–Sa 10.30–23.30, So 11–21.30, Küche tgl. 12–14, 18.30–21.30 Uhr | €–€€

Pubs wie The Swan Inn in St. Peter Port sind echte soziale Mittelpunkte, wo bei einem Pint Alltag, Politik und natürlich Sportereignisse diskutiert werden.

⑧ *Rustikale Eckkneipe*
THE SWAN INN
Süffiges Bier vom Fass in einem viktorianischen Pub. Die Lieblingskneipe vieler Fußball- und Rugbyfans.
St. Julian's Ave. | Tel. 72 89 69 | Di–Sa 12–24 Uhr | €

Einkaufen

⑨ *Frech und klassisch*
CREASEY'S
»Das« Kaufhaus für Modisches führt die echten Guernsey jumpers! Entspannend präsentiert sich das Selbstbedienungscafé mit Hafenblick in der dritten Etage.

High St. und 7–9 Smith St. (Haushaltswaren, Café) | www.creaseys. com | Mo–Sa 9–17.30 Uhr

⑩ *Freizeitbunt*
JOULES
Britische Countrystyle-Mode in frischen Farben.
10 Le Pollet | Tel. 72 51 10 | Mo–Sa 9–17.30 Uhr

⑪ *Hübsche Muster*
SEASALT
Unkomplizierte, feminine Mode, die in ihrem vom Meer inspirierten Stil wunderbar auf die Kanalinseln passt.
25 Commercial Arcade | Tel. 71 64 00 | Mo–Sa 10–17.30 Uhr

⑫ *Designerpralinen*
BEN LE PREVOST CHOCOLATIER
Der Gaumen schwelgt, und die Augen sind nicht minder entzückt. Ben Le Prevost ist ein wahrer Pralinenkünstler, der Guernseys feine Sahne als Zutat für seine mehrfach prämierten Kreationen schätzt.
14 Mill St. | Tel. 71 35 04 | www. benleprevostchocolatier.com

Abendgestaltung
⑬ *Cool*
THE DOGHOUSE
Legere Bar und Restaurant mit dem besten Programm an Livemusik in Guernsey (jeden Freitag und Samstag).
The Rohais | Tel. 72 13 02 | www. doghouse.gg | Mo–Do 16–24, Fr, Sa 12–0.45, So 12–20, Küche ab 18, Fr–So ab 12 Uhr

Aktivitäten
⑭ *Blue Health*
LA VALLETTE BATHING POOLS
Bei Ebbe mit Blick auf Castle Cornet schwimmen, wo sich schon Victor Hugo und Renoir eine Erfrischung gönnten. Zweimal täglich sorgt die Flut dafür, dass das Wasser in den öffentlichen Pools mit Mini-Strand wechselt.
Havelet Bay | Eintritt frei | mit Terrassencafé

Gut geführt
ANNETTE HENRY & GILL GIRARD TOURS
Spannende und unterhaltsame Stadt- und Inseltouren, auch auf Herm und Alderney, organisiert von zwei professionellen Guides (teils mit Pub- bzw. Restaurantbesuch).
www.annettehenrytours.gg | www.gillgirardtourguide.com

Service
BUSES.GG (LINIEN-BUSSE)
Karten für ein, zwei und sieben Tage sowie den Puffin Pass (Mehrfahrtenkarte) gibt's am Kiosk des Busterminals.
South Esplanade | Tel. 70 04 56 | Fahrpläne: www.buses.gg

FÄHREN NACH HERM UND SARK
Die Sark Shipping Company und Travel Trident Ferries bieten täglich mehrere Überfahrten. Im Sommer ist eine Reservierung empfohlen.
Sark: www.sarkshipping.gg, Herm: www.traveltrident.com

WILDE KÜSTEN DES SÜDENS A3–C3

Guernseys schönste Steilküsten und Buchten prägen den Südosten und Süden. Hier ließen sich der Maler Auguste Renoir und Victor Hugo inspirieren. Die granitene **Doyle Column** zu Ehren eines verdienstvollen Lieutenant Governor im 19. Jh. ist eine gute Orientierung für Wanderer nahe Jerbourg Point.

Icart Point gab einem mehr als 2 Mrd. Jahre alten Granit-Gneis seinen Namen. Er gehört zu den ältesten Gesteinen der Welt. Die Gemeinde **Torteval** im äußersten Südwesten prägen windgepeitschte Hochflächen und schroffe Steilküsten. Hingegen gilt für **Forest** »nomen est omen«. Durch ein idyllisches Wäldchen führt der Weg zur **Petit Bot Bay** mit einem romantischen Sandstrand zwischen hohen Felsen. **Hanois Lighthouse** (1862) im Westen warnt die Schiffe auf 20 Seemeilen (37 km) vor den gefährlichen Klippen an der Südwestecke.

Sehenswertes

FERMAIN BAY & TOWER

Durch ein schattiges Tal zieht sich ein Sträßchen hinunter in die beliebte Badebucht mit dem trutzigen **Turm** (1780), der jetzt als schmucke Ferienwohnung über den National Trust gemietet werden kann. Besonders attraktiv ist der etwa einstündige Spaziergang von St. Peter Port hierher, wenn sich der blaue Blütenteppich der Waldhyazinthen – der Bluebells – über die Hänge legt. Ein Café-Restaurant liegt unmittelbar am Strand.

SAUSMAREZ MANOR

Das größte Herrenhaus der Insel geht auf das 13. Jh. zurück. Trotz mehrfacher Umbauten wirkt es harmonisch. Bei einer Führung durch edel ausgestattete Räume erfahren Sie Kurioses aus der Chronik der Familie, zu der auch Freibeuter und Admiräle gehörten. Der Park wurde durch rund 250 zeitgenössische Skulpturen zu einem **Kunstpark** mit ständig wechselnden Exponaten. Die Wege winden sich zwischen immergrünem Bambus, blühfreudigen Kamelien im Winter, Rhododendren und Riesen-Rhabarber, der sich in Wasserflächen spiegelt (→ S. 44).

Noch rätseln Archäologen über den kultischen Bezug der Orte, an denen Stelen wie La Gran'mère du Chimquière zu Ehren einer Muttergottheit errichtet wurden.

Es gibt ein Gartencafé und einen Laden mit Kunsthand-werklichem, u. a. Guernsey Cans (www.guernseycans.co.uk). Im Sommer Bauern- und Trödelmarkt samstags 9–12.45 Uhr. Sausmarez Rd. | Tel. 23 55 71 | www.sausmarezmanor.co.uk | Park ganz-jährig tgl. 10–17 Uhr | Eintritt 7,50 £ | Manor House: Führungen 7,50 £ (Ostern bis Mai und Okt. Mo–Do 10.30, 11.30, Juni–Sept. Mo–Do 10.30, 11.30, 14.30, Fr, Sa 11.30 Uhr), Geistertouren (10 £) auf Anfrage

IM VORBEIGEHEN ENTDECKT

LA GRAN'MÈRE DU CHIMQUIÈRE

Eher unscheinbar steht am Eingang zum Friedhof von **St. Mar-tin's Church** eines der interessantesten neolithischen Denkmä-ler der Insel: ein 1,6 m hoher **Statuenmenhir** mit menschlichem Antlitz und angedeuteten Brüsten – Symbol für eine göttliche Erdmutter. Erst in römischer Zeit erhielt ihr Gesicht ein Profil. Für Christen blieb sie ein heidnisches Symbol (→ S. 40).

St. Martin's Church | frei zugänglich

Die zauberhafte Moulin Huet Bay, eingehüllt in Nebel – die vielfältigen Licht-
stimmungen an der Küste inspirieren seit Jahrhunderten Literaten und Maler.

10 MERIAN EMPFEHLUNG

MOULIN HUET BAY

Victor Hugo liebte die Idylle, 1883 hielt **Renoir** seine Impressi-
onen eines Sommermonats auf 15 Gemälden fest. Entlang des
Wanderweges zur Bucht sowie nahe dem Tea Room entdeckt
man fünf Bilderrahmen – hier hatte Renoir wohl seine Staffelei
platziert, z. B. für »Enfants au bord de la mer, Guernesey«. Ein-
deutig sind darauf die Felsen der Pea Stacks zu erkennen.

1 km Fußweg ab Hotel Bella Luce | Details über die QR-Codes auf den
Infotafeln | Café Mitte April–Sept. Di–So 10–17 Uhr

GERMAN OCCUPATION MUSEUM

Eindrucksvolle Ausstellung über die Zeit der deutschen Besatzung. Interessant sind u. a. Inselkarten, auf denen die Ortsnamen ins Deutsche übersetzt wurden: Aus St. Peter Port wurde
Petershafen, aus St. Martin Martinshausen …

Les Houards, hinter der Forest Parish Church | Tel. 23 82 05 | www.german
occupationmuseum.co.uk | April–Okt. tgl. 10–16.30, Nov.–März tgl.
10–13 Uhr, Einlass bis 1 Std. vor Schließung | Eintritt 6 £

PLEINMONT

Ungebremst fegt der Wind über die nahezu baumlose Hochebene, deren Silhouette Antennenmasten und ein deutscher **Feuerleitturm** aus dem Zweiten Weltkrieg bestimmen. An alte Bräuche erinnert der kreisförmige **Table des Pions**, wörtlich »Feenkreis«, im äußersten Westen der Insel.

Pleinmont Tower | tgl. April–Okt., So 14–17 Uhr | Eintritt 3 £

Übernachten

Ländlich ruhig
LA BARBARIE HOTEL
Unweit der Saints Bay und von Icart Point gelegen, gewährt diese Unterkunft Ruhe und Nähe zur Natur. Alter Granit und moderne Gebäude sind harmonisch miteinander kombiniert. Mit Swimmingpool.

St. Martin, Saints Bay Road | Tel. 23 52 17 | www.labarbariehotel.com | 25 Zimmer | €€–€€€

Essen und Trinken

Im Grünen
AUBERGE DU VAL
Insulaner schätzen den persönlichen Service sowie das rustikale Ambiente des Bistro-Restaurants in einem einstigen Bauernhaus. Serviert werden neben britischen Klassikern spanisch inspirierte Tapas. Neun schlichte Zimmer.

St. Saviour, Sous l'Eglise | Tel. 26 38 62 | €€

Hoch über dem Meer
LE GOUFFRE CAFÉ
Seafood tagliatelle, serviert auf der Terrasse hoch über der Steilküste. Oder nur eine köstliche Tagessuppe während einer Wanderung? Die zuverlässig schmackhafte Küche lockt viele Einheimische zu einem Ausflug hierher.

Rue du Gouffre | Tel. 26 41 21 | Di–Sa 10–21, So bis 17 Uhr | €€

DIE GRÜNE MITTE B2–3

An ein Labyrinth erinnern die engen Landstraßen sowie die *ruettes tranquilles* – und verlocken daher umso mehr zu Erkundungen, etwa im bezaubernden **Talbot Valley** oder mit dem Ziel Saumarez Park. In die weitläufige Gartenanlage strömen alljährlich Hunderte zum **Viaër Marchi**, was als »alter

Markt« zu übersetzen ist, und zur »**Battle of Flowers**«. Ein Spaziergang oder ein Picknick unter einem der Baumriesen sowie das volkskundliche Museum versprechen geruhsame Stunden. Zwei der bekanntesten Sehenswürdigkeiten Guernseys, **Little Chapel** und das **German Underground Hospital**, liegen ebenfalls im grünen Herzen der Insel.

Sehenswertes

 MERIAN TOP 10

LITTLE CHAPEL

Auf den ersten Blick könnte man denken, Gaudí hätte sich auch hier verwirklicht. Der Baumeister von Guernseys meistbesuchter Attraktion war jedoch der französische Mönch **Déodat**. Er gehörte der katholischen De-La-Salle-Bruderschaft an, die im Jahr 1904 oberhalb der Kapelle eine Schule gründete. Mit dem Gedanken, seine eigene **Lourdes-Grotte** zu schaffen, ging er ans Werk. Die Kapelle überzog er innen wie außen mit einem zauberhaften Mosaik aus Muscheln und Bruchstücken farbigen Porzellans. Heute sehen wir die dritte Version von Déodats Idee einer Kapelle, ab 1923 errichtet und mit nur 5 m Länge die kleinste geweihte Kirche der Welt.

Les Vauxbelets | www.thelittlechapel.gg | tgl. 9–16 Uhr, Okt.–April kürzer | Eintritt frei

GERMAN UNDERGROUND HOSPITAL

Mit einem beklemmenden Gefühl geht man durch die feuchtkalten, bis 2 km langen Stollen, wo die Schritte seltsam hallen. In schummrigem Licht stehen in Nebenräumen noch Bettgestelle, stellenweise haben sich deutsche Beschriftungen erhalten. Während der Besatzungszeit hatte die Wehrmacht 1942 hier **Schutzbunker** für eine mobile Abwehrtruppe anlegen lassen. Zwangsarbeiter mussten knapp 30 000 m³ Gestein aus dem felsigen Hügel brechen und die Tunnel mit Beton auskleiden, nach Originalaufzeichnungen insgesamt 9053 m³. In Furcht vor einer Invasion wurde ab 1943 umgebaut, die Hohl-

Für das Dekor der Little Chapel lieferten die Einheimischen Keramik und Porzellan aus ihrem Haushalt, Biskuitporzellan schickte die Firma Wedgwood aus England.

gangsanlage 40 sollte als **Lazarett** 800 Verwundete aufnehmen können, Ho7 war als Munitionslager vorgesehen. Insgesamt erstreckt sich die Anlage über eine Fläche von fast 7000 m².
St. Andrews, Vassalerie Rd. | Tel. 23 52 61 | www.germanundergroundhos pital.co.uk | Mai–Sept. tgl. 10–16, April, Okt. Mi–Mo 10–16, Einlass bis 15 Uhr | Eintritt 4,50 £

SAUMAREZ PARK & FOLK AND COSTUME MUSEUM

Der einstmals zu einem adligen Landsitz gehörende Park bietet viel Freiraum für Erholung auf den Grünflächen am Teich und zwischen Blumenrabatten. Im **Victorian Walled Garden** (→ S. 43) gewinnt man ein Bild, was emsige Gärtner Tag für Tag in die Küche liefern konnten. Der mustergültig restaurierte Bauernhof beherbergt eine **volkskundliche Ausstellung**. Zu sehen sind u. a. bäuerliche Wohnräume, Fischereigeräte, ein Pferdebus und eine Apfelpresse. Mit Café und Shop.
Castel, Route de Cobo | www.nationaltrust.gg | April–Okt. Mo–Sa 10–17, So 11–15 Uhr | Eintritt 6 £ | Mai–Mitte Sept. Führungen Fr 10.30 und 14.30 Uhr, 8 £ (inkl. Eintritt)

Während der Besatzungszeit stationierte die deutsche Wehrmacht auf den Inseln zahlreiche Kradschützen, hier eine Truppe auf dem Weg zu La Corbière Lighthouse.

DIE KANALINSELN IM ZWEITEN WELTKRIEG
Kronjuwelen in deutscher Hand

Sorgenvoll beobachtet die Bevölkerung der Kanalinseln ab Mai 1940 das Vordringen der Deutschen in der Normandie und der Bretagne. Am 17. Juni helfen Fischerboote und Jachten aus St. Helier bei der Evakuierung britischer Einheiten aus St-Malo. Zum Schrecken der Bevölkerung folgt am 19. Juni die Order aus London zur **Entmilitarisierung**. Alle Truppen werden abgezogen, als Vertreter der Krone bleiben nur die beiden Amtmänner (Bailiffs) auf Jersey und Guernsey. Die Zukunft – ungewiss. Aus Churchills Sicht sind die Inseln strategisch unbedeutend und schwer zu verteidigen. Hitler hingegen hat es auf sie abgesehen, die Kronjuwelen der Briten. Sie sollen die Basis für seine »**Operation Seelöwe**«, die Invasion Großbritanniens, werden.

Tausende ergreifen die Möglichkeit der **Evakuierung** nach England. Fast die gesamte Bevölkerung Alderneys und rund 17 000 Guernseyaner besteigen die bereitgestellten Schiffe. Nach einer fesselnden Rede des Bailiffs Alexander Coutanche schrumpft die Zahl in Jersey auf 6600, obwohl sich 23 000 hatten registrieren lassen. Nur wenige verlassen Sark. Die Bewohner vertrauen auf den Schutz durch Dame Sibyl Hathaway.

In Unkenntnis über die Entmilitarisierung der Inseln werfen deutsche Flugzeuge am 28. Juni 1940 Bomben auf die Häfen von **St. Peter Port**, **St. Helier** und **La Rocque**. Hinter Lastwagen, beladen mit hölzernen Tonnen voller Kartoffeln und Tomatenkisten, vermutet die Luftwaffe getarnte Munitionsfahrzeuge. Erst am 30. Juni erhält das Führerhauptquartier in Berlin mittels einer Depesche der US-Botschaft in London die Nachricht vom Status der Inseln.

Umgehend landen deutsche Flugzeuge auf Guernsey (30. Juni) und Jersey (1. Juli), Rathäuser, Hotels sowie Gehöfte werden besetzt. Die drei größeren Inseln firmieren fortan unter Jakob, Gustav und Abel.

Mit Hitlers Befehl vom 20. Oktober 1941, die Kanalinseln zu einer uneinnehmbaren Festung innerhalb des **Atlantikwalls** auszubauen, setzt eine straff organisierte Bautätigkeit ein. Im November besucht Generalinspektor Fritz Todt die Inseln, um die Ankunft der ersten Zwangsarbeiter zu überwachen, 6000 sind es letztlich. Unter lebensgefährlichen und unmenschlichen Bedingungen werden sie zum Bau des Walls eingesetzt, müssen Stollen für die »Hohlgangsanlagen« aus dem Fels sprengen – heute die **Jersey War Tunnels**, damals H08, und **Underground Hospital Guernsey**. 1942 werden alle britischstämmigen Bewohner in Internierungslager in Deutschland gebracht.

Die Flugzeuge der Alliierten bleiben am D-Day, dem 6. Juni 1944, nur winzige Punkte am Himmel. Der Frieden liegt in weiter Ferne. Ab Januar 1945 ist der Hardliner Vizeadmiral Friedrich Hüffmeier militärischer Befehlshaber auf den Inseln, bereit, Hitlers Ideen bis zum letzten Atemzug zu verteidigen. Erst am 9. Mai, einen Tag nach Kriegsende, unterzeichnet um 7 Uhr morgens Generalmajor Heine an Bord der »HMS Bulldog« die **Kapitulation**. Einige Stunden später landen die »HMS Beagle« und ein kleines Marine-Kontingent im Hafen von St. Helier, begrüßt von einer wogenden Menge. Für das geschundene Alderney endet die grausame Zeit der Besatzung am 16. Mai, die Rückkehr der ersten Bewohner erfolgt erst Mitte Dezember.

> Die Ankunft des Rot-Kreuz-Schiffs »Vega« Ende Dezember 1944 rettete die Inseln vor einer Hungersnot. 119 792 Care-Pakete mit Mehl, Zucker, Milchpulver, Schokolade, Seife und mitunter Zigaretten wurden verteilt. Bis März 1945 sollten es 456 264 Pakete werden.

STE. MARIE DU CASTEL

Die Pfarrkirche aus dem 12. Jh. steht vermutlich an der Stelle einer Festung – der Name könnte vom lateinischen *castellum* abgeleitet sein. Außerdem fand man in der Umgebung Reste römischer Tonwaren. Kostbar sind im nördlichen Schiff Wandmalereien des 13. Jh.: das Letzte Abendmahl, sechs Ritter (Könige?) – drei mit Falken und drei als Skelette – sowie ein Märtyrer als Mönch. Ein Frühwerk des Glasmalers **Henry Thomas Bosdet** (→ S. 30) ist die Kreuzigungsszene im Chor.

Der **Menhir** mit den weiblichen Merkmalen gibt Rätsel auf. Jetzt unweit des Eingangs zur Kirche auf dem Friedhof aufgestellt und datiert auf 2500–1800 v. Chr., war er im Jahr 1878 unter dem Fußboden der Kirche entdeckt worden.

Les Rohais de Haut, Rue du Presbytère | unregelmäßig geöffnet

IM WESTEN KÜSTE PUR A2–3

In weiten Bögen schwingt sich die Küstenlinie von der **Pleinmont-Halbinsel** nach Nordosten. Grauer Gneis, Diorit und rosafarbener Granit … der Westen präsentiert ein Potpourri von Felsen, an denen das Meer unablässig nagt. Bei Ebbe beleuchtet die Sonne helle Sandflächen, unterbrochen von Steinnasen, Festungen und Türmen aus napoleonischer Zeit. Jenseits der Panzersperrmauer und des Dünengürtels beginnt Bauernland. Watvögel finden reiche Nahrung in geschützten Sumpfwiesen, wo im Frühsommer Knabenkräuter leuchten. Entlang dieser Küste zu wandern ist ein Erlebnis, schön auch der **Millennium Walk** rund um das Trinkwasserreservoir. **Vazon Bay** gilt als schönste Bucht zum Sonnenbaden, dicht gefolgt von **Cobo Bay**.

Sehenswertes

FORT GREY SHIPWRECK MUSEUM & ROMAN SHIP

Cup and saucer an der Westküste – keine fliegende Untertasse, vielmehr ein zahnpastaweißer **Martello-Turm** auf einer mächtigen Basis aus Granit. Zu Füßen ein Felsenmeer, das sich bis zum Hanois Lighthouse erstreckt. Die trügerischen Felsen sind das Leitmotiv der Ausstellung im 1804 errichteten **Fort Grey**. Sie dokumentiert, wie vielen Schiffen die Klippen im Südwesten zum Verhängnis wurden. Eindrucksvoll schildert ein Video die Rettung der Bohrinsel »Orion« im Jahr 1978.

Jenseits der Küstenstraße birgt ein kleines Gebäude einen bemerkenswerten Fund aus dem Hafen von St. Peter Port: Teile eines **römischen Handelsschiffs** (um 280), das Forscher Guernseys Rolle in der Antike neu bewerten lässt.

Rocquaine Bay | Ende März–Okt. tgl. 10–16.30 Uhr | Eintritt 4 £, Discovery Pass (→ S. 211)

IM VORBEIGEHEN ENTDECKT

BRIDGET OZANNE ORCHID FIELDS

Nur einen Steinwurf von der Rocquaine Bay entfernt blühen im Mai und Juni schönste Orchideen. Die Magerwiesen an der Rue les Vicherie sind leicht auszumachen.

LIHOU ISLAND – LE CREUX ÈS FAÏES

Bei niedrigen Gezeitenständen gelangt man an der **L'Érée Bay** über einen Damm hinüber auf das Inselchen. Der Weg ist hier das Ziel, denn die einzige Sehenswürdigkeit sind die Ruinen eines mittelalterlichen **Klosters,** das nur bis 1156 bestand und seinerzeit zu Mont St-Michel gehörte. Entdecken Sie die außergewöhnliche Flora und Fauna, Seeanemonen etwa und vielfältige Algen des Felsenwatts, das nach der Ramsar-Konvention Schutz genießt. Der deutsche **Feuerleitturm** am Kap ist einem Wachturm aus napoleonischer Zeit aufgepropft.

Wenige Meter von der Küste dann ein Zeugnis der Steinzeit: **Le Creux ès Faïes**. Einst überdeckte den 5000 Jahre alten Dolmen ein Erdmantel. In dem Ganggrab (9 m) fand man Skelett- und Tongefäßreste aus der Zeit um 2000 v. Chr. Der Legende nach lag hier der Eingang ins Reich der Feen *(les faïes)*. Die Hexen, so der Volksmund, tanzten 500 m weiter am **Le Trépied Dolmen** (→ S. 40) oberhalb der Perelle Bay (frei zugänglich).

Tafel mit Tidenzeiten am Dammweg der Erée Bay unbedingt beachten!

ST. APOLLINE'S CHAPEL

Die besterhaltene der rund 20 mittelalterlichen Kirchen der Insel ist der hl. Apollonia, der Nothelferin bei Zahnschmerzen, geweiht. Im Jahr 1392 erbaut, wurde sie zeitweilig als Stall zweckentfremdet. An ihrer Südwand sind Reste einer mittelalterlichen Abendmahldarstellung erkennbar.

Grande Rue, 500 m von der Perelle Bay

Übernachten

Maritimes Ambiente
IMPERIAL HOTEL

Das Gefühl von Weite und Leichtigkeit an der Küste setzt sich in diesem Hotel fort: helle Farben, freundliches Personal und ein großzügiges Restaurant mit Terrasse, dessen Karte den Reichtum der lokalen Erzeugnisse widerspiegelt. Beliebt zum Sunday Lunch.

Rocquaine Bay | Tel. 26 40 44 | www.theimperial.gg | 17 Zimmer | €€

Natürlich gestylt
HOTEL FLEUR DU JARDIN

Die Natur nur eine Armlänge entfernt, ist dieses sympathische Hotel nach einer berühmten Guernsey-Kuh benannt: Fleur du Jardin XII. Hier zu übernachten bietet die erlebenswerte Mischung aus derben Granitmauern, moderner Ausstattung sowie feiner Marktküche. Mit Pool.

Castel, Kings Mills | Tel. 25 79 96 | www.fleurdujardin.com | 21 Zimmer | €€€

Home away from Home
THE GRANARY

Ländlich in behaglichen Granitmauern wohnen – dieser Traum erfüllt sich in den drei Ferienwohnungen der »Getreidescheune«. Großzügiger Schnitt, edles Interieur und ein herrlicher Garten.

St. Pierre du Bois, Route du Quanteraine | Tel. 26 59 44 | www.thegranaryselfcatering.com | €€€

Rundum entspannend
LA POINTE FARM APARTMENTS

Moderne Wohnungen für zwei bis fünf Personen auf einem ehemaligen Gehöft in den Hügeln mit schönem Meerblick. Aufmerksame und umweltbewusste Besitzer.

St. Pierre du Bois, Rue du Lorier | Tel. 52 07 10 | www.lapointefarm.com | €€

Die ideale Adresse, um den Sonnenuntergang an Guernseys Westküste bei einem kühlen Ale oder Lager zu genießen: das Rockmount Pub in der Cobo Bay.

Essen und Trinken

An den Buchten der Westküste servieren Kioske herzhafte Sandwiches, Imbisslokale wie bei **Guernsey Pearl** gegenüber Fort Grey oder **Vistas** in der Vazon Bay auch Tellergerichte zu fairem Preis. Oder Lust auf Kuchen? Dann unbedingt den **Cobo Tea Room** in der Cobo Bay einplanen.

11 MERIAN EMPFEHLUNG

Authentisch
THE ROCKMOUNT

Das urige Pub am Meer kennt auf Guernsey jeder, hier trinken die lokalen Kricketmannschaften auf Sieg – oder Niederlage. Hier kehrt die Familie zum Sunday Lunch ein. Solider *pub grub*, attraktiv aufgetischt zu kleinen Preisen. Cobo Coast Road | Tel. 25 27 78 | www.therocky.gg | tgl. 12–24, Küche 12–14.30, 18–21 Uhr | €

Einkaufen

Schicke Maschen
LE TRICOTEUR

Das Geschäft für die echten Guernseys, wie sie schon Admiral Nelson der Kriegsmarine empfahl: in klassischem Marineblau aus feiner Schafwolle oder in modischen Farben und Schnittvarianten. Rocquaine Road, 400 m nördl. von Fort Grey | Tel. 26 68 81 | www. guernseyjumpers.com | Mo–Fr 8.30–16.30 Uhr

DER NORDEN B/C1

Bis 1806 bestand Guernsey aus zwei Inseln, **Vale** war alle sechs Stunden abgeschnitten, wenn die Flut das Sumpfgebiet **Braye du Valle** und die Salzpfannen zwischen Grande Havre und St. Sampson überschwemmte. Zur Kirche von Vale kamen die Gläubigen je nach Wasserstand per Boot. Die Idee eines Dammes für schnellere Truppenbewegungen stammte von General John Doyle. Er befürchtete, dass die Franzosen an einer der geschützten Buchten einfallen könnten. Kaum merklich rollt man heute am **Grand Havre** über die Dammkrone, darunter ein überwachsener Wall aus Granitblöcken, verstärkt durch eine Mauer auf der Seeseite. Auf Landkarten entdeckt man die Resttümpel der alten Niederung. Unweit der bezaubernden Buchten birgt das Land auch im Norden prähistorische Kultstätten, einen Steinwurf davon entfernt Wehrbauten aus drei Jahrhunderten. Das Zentrum des früheren Industriehafens **St. Sampson** hat sein Gesicht über die letzten Jahre aufgefrischt. Die Fassaden wirken freundlicher, und der bekannte Juwelier Ray & Scott hat ein Bankgebäude bezogen, wo im Tresorraum ein kleines **Diamond Museum** entstand.

Sehenswertes

12 MERIAN EMPFEHLUNG

L'ANCRESSE BAY – PEMBROKE BAY

Die weite, sandige Doppelbucht macht Laune zu einem Strandspaziergang. Eine Erinnerung an weniger friedliche Zeiten sind die zum Schutz gegen eine französische Invasion erbauten sechs **Wachttürme** aus der Zeit um 1780. Ihr Eingang lag in Höhe der ersten Etage, nur erreichbar über eine mobile Leiter. Im Untergeschoss wurde seinerzeit Munition gelagert, darüber wohnten und schliefen auf zwei Stockwerken rund zwölf Soldaten. Nicht alle der ursprünglich 15 Türme sind erhalten, und einer ist zu besichtigen: **La Rousse Tower** am Grand Havre (April–Okt. 9 Uhr bis Sonnenuntergang). Die Wege durch den Golfplatz von L'Ancresse sind öffentlich zugänglich.

LA VARDE DOLMEN – LES FOUAILLAGES

Der hoch aufragende **Millennium Stone** weist die Richtung zwischen den makellosen Golf-Greens zu Guernseys größtem Dolmen, **La Varde**. Das mehr als 10 m lange Ganggrab westlich der Pembroke Bay wird in die Zeit von 2500–3500 v. Chr. datiert. Auf der Heidelandschaft des L'Ancresse Common weiter südlich wurde der Kultplatz **Les Fouaillages** aus der Zeit um 4500 v. Chr. teilweise rekonstruiert (→ S. 39).

Westteil des Golfplatzes, nahe der Straße zur Ladies Bay | frei zugänglich

LE DÉHUS DOLMEN

Eine kleine Tür führt in das von einem Erdhügel bedeckte Grab. Geduckt geht man in die etwa 2 m hohe Hauptkammer. Hier erhellt ein Scheinwerfer einen der mächtigen Decksteine. Schemenhaft sind die Umrisse eines bärtigen Mannes zu erkennen. Der »Gardien du Tombeau« (Hüter des Grabes) dürfte wie das Grab mit vier Nebenkammern 5000 Jahre alt sein.

Déhus Lane/Kings Road | tgl. 9 Uhr bis Sonnenuntergang | Eintritt frei

VALE CASTLE

An der Stelle eines eisenzeitlichen Forts entstand im 15. Jh. eine Festung mit unregelmäßigem Grundriss. Im 17./18. Jh. wurde sie dem neuesten Stand der Verteidigungstechnik angepasst. Weniger die Architektur als der herrliche Blick lohnen den Halt.

Vale, Castle Rd. | frei zugänglich

Essen und Trinken

Kreativ maritim
ROC SALT

Das ideale Sommerlokal, um etwa einen *seafood platter* zu schlemmen – mit Strandpanorama versteht sich.

Chouet Headland | Tel. 24 61 29 | www.rocsalt.gg | Di–Sa 12–14.30, 18–21, So 12–14.30 Uhr | €€

Unter Seglern
SALTWATER

Der Meerblick über den kleinen Jachthafen hinweg hebt den Genuss der mediterran inspirierten Küche. Mit Fisch oder Meeresfrüchten liegt man hier keinesfalls falsch.

Beaucette Yacht Marina, Route de la Lande | Tel. 24 49 44 | http://salt water.gg | €€–€€€

SARK

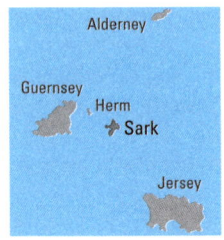

Keine Busse, keine Autos ... nur vom Meer ausgewaschene Felsformationen, grandiose Panoramen und nette Lokale und Pubs, um sich nach einem Fahrrad- oder Wanderausflug kulinarisch verwöhnen zu lassen. Sark bietet seinen Gästen eine Auszeit von Hektik und Lärm.

Gut 11 km östlich von Guernsey und 20 km nördlich von Jersey liegt der kleinste unabhängige Staat im Besitz der englischen Krone: überschaubare 5 km lang und 2 km breit. Die rund 400 Einwohner – im Sommer sind es einige mehr – fahren Fahrrad, Traktor, selbst der Arzt hat einen, oder sie gehen zu Fuß. Für Besucher stehen außerdem gemütliche Pferdekutschen bereit, Spaß für Kinder und Erwachsene gleichermaßen.

Mühelos lässt sich die Doppelinsel mit dem Fahrrad oder im zügigen Wanderschritt an einem Tag erkunden. Doch so klein sie ist, die bizarren Küsten, sanften Weiden, der Garten der **Seigneurie** und der international gerühmte, sternenübersäte Nachthimmel bieten vielfältige Abwechslung, um hier genüsslich mehrere Tage zu verbringen. 2011 wurde Sark als erster Insel weltweit der »Dark Sky Status« verliehen.

Politisch betrachtet ist die Insel ein Kuriosum im Umbruch. Herr der Insel ist der **Seigneur**, seit 2016 Christopher Beaumont. Im Inselparlament, den Chief Pleas, sitzen neben ihm nicht mehr, wie früher, die Eigentümer der 40 Gehöfte, in die Sark seit 1565, dem Jahr der Neubesiedlung durch den Seigneur von St. Ouen, gegliedert war. Stattdessen entscheidet seit 2008 ein demokratisch gewähltes, 28-köpfiges Gremium über die Geschicke der Insel. Gesetze müssen von den Vertretern der Krone auf Guernsey und dem Kronrat in London gebilligt werden. Das Parlament setzt verschiedene Beamte ein – 2013 erstmals mit Bezahlung für die Position des höchsten Justizbeam-

Nur wenige Pfade führen im Nordwesten von Sark an den Fuß der steilen Klippen, Bootstouren lohnen sich daher. Im Hintergrund ist die Insel Brecqhou zu sehen.

ten, des **Sénéchal**, und seines Vertreters. Zu den ehrenamtlichen übrigen Posten zählen u. a. ein Constable in der Funktion eines Polizisten und sein designierter Nachfolger, der Vingtenier.

Sark obliegt seiner eigenen Steuergesetzgebung. Alle Ausgaben werden von der Insel selbst getragen. Trotz der niedrigen Steuersätze reichen die Einnahmen, um jungen Leuten ein Studium in Großbritannien zu finanzieren. Eine Sozialgesetzgebung fehlt. Wie im Mittelalter gilt das Prinzip gegenseitiger Hilfe: So erhalten bedürftige Senioren eine Rente vom Staat. Wichtigste Einnahmequellen sind die Hafengebühren für Besucher sowie die Steuern auf Alkoholika und Tabakwaren. Hauptwirtschaftszweig ist der Tourismus.

In der Landwirtschaft erlebte Sark ab 2010 einen extremen Umschwung. Damals wurden ca. 30 000 **Weinstöcke** gepflanzt. Bis Anfang 2013 kamen weitere 200 000 hinzu. Beauftragte der Gebrüder Sir Frederick und Sir David Barclay wandelten ursprünglich als Weide für Schafe, Kühe und Pferde genutztes Land in Rebgärten um. In Zeiten knapper Finanzen hatten Sarkianer an die Schlossherren von Brecqhou (→ S. 175) verkauft. Der Barclay-Produktionsplan lautete: Weißweine und Sekt.

In Sark prallten knallhartes Wirtschaftsdenken und ein in alten Traditionen verhaftetes Gemeinwesen, das in vielen Bereichen keine festgeschriebenen Gesetze kannte, aufeinander. Als Sark 2016 eine Steuer auf die Produktion von alkoholischen Getränken einführte, beendeten die Barclay-Brüder kurzerhand den Weinbau und ließen Rebstöcke und Spaliere herausreißen. Alles Brennbare ging in den Flammen riesiger Scheiterhaufen auf. Mittlerweile grasen wuschelige Rinder auf den Feldern.

Sehenswertes

❶ MASELINE HARBOUR – CREUX HARBOUR

An **Maseline Harbour** führt kein Weg vorbei, denn alle Fähren legen in dem gezeitenunabhängigen Hafen an. Sarks Nabelschnur für Personen- und Warenumschlag ist und bleibt der Schiffsverkehr, vorwiegend nach Guernsey. Bereits vor dem Zweiten Weltkrieg begonnen, konnte der Pier von Maseline Harbour erst 1948 fertiggestellt werden. Von **Point Robert**, an die Felsen geschmiegt wie das Nest einer Möwe, schickt der Leuchtturm sein Licht seit 1913 über das Meer, 18 Seemeilen weit, um die Schiffe vor den gefährlichen Spitzen des Blanchard Rock zu warnen. Seit 1994 ist er automatisiert (nicht zugänglich).

Nach dem Anlegen der Fähre strömt die Schar der Passagiere durch einen Tunnel vorbei an zahllosen Treckeranhängern zu einem Platz, auf dessen gegenüberliegender Seite zwei weitere Tunnels die grauroten Felsen durchstoßen. Ein Schild warnt vor Steinschlag am kleinen, fast unheimlichen Tunnel rechts. Freundliche Lichter tanzen mitunter an der Decke des anderen, wenn die Sonnenstrahlen bei Flut das Becken des idyllischen, aber gezeitenabhängigen **Creux Harbour** beleuchten. Er stammt aus dem 16. Jh., als Seigneur Helier de Carteret die Insel kolonisierte. Seit den 1890er-Jahren schützt eine hohe Mole vor den Brechern, die im Winter meterhoch auf die Küste zurollen.

Im eleganten Bogen schwingt sich eine Rampe ins Wasser. Selbst Steinmetze der Gegenwart bewundern, wie kunstvoll die frühen Baumeister die Steine gesetzt haben, um eine gerippte Oberfläche entstehen zu lassen – als Hilfe für Pferde

Sark

© MERIAN-Kartographie

SEHENSWERTES

1. Maseline Harbour – Creux Harbour
2. The Village
3. Sark Henge, Derrible & Dixcart Bay
4. La Coupée ⭐
5. Little Sark
6. Pilcher Monument – Gosselin Harbour
7. La Seigneurie 🚩

8. Window in the Rock
9. Brecqhou

ÜBERNACHTEN

1. La Moinerie Hotel
2. Stocks Hotel
3. L'a Sablonnerie

ESSEN UND TRINKEN

4. Harbour Cafe
5. Bel Air Inn

6. AJ's
7. Fleur du Jardin
8. Sunflower Café
9. Hathaways

EINKAUFEN

10. Lorraine's Pottery & Jewelry
11. Caragh Chocolates & Tea Garden

Den tideabhängigen Creux Harbour schützt seit 1866 eine massive Mauer vor der Brandung. Früher gingen hier die Kutscher mit ihren Pferden schwimmen.

und Maultiere. Abwärts fanden ihre Hufe so besseren Halt, und wenn sie schwere Lasten von den Booten heraufziehen mussten, rollten die Wagen nicht so leicht zurück.

Bei Niedrigwasser fällt genug Strand trocken, um vom Ende der Rampe zum ursprünglichen Landeplatz der Schiffe zu spazieren. Abgesehen vom romantischen Hafenpanorama faszinieren in der winzigen Bucht die schönen Kiesel: ein Bilderbuch der Geologie, vom Meer gerundet über Jahrtausende.

❷ THE VILLAGE

Eigentlich gibt es gar kein richtiges Dorf und **The Avenue** ist nichts weiter als ein großer Name für eine Staubstraße. Als Sark 1565 neu besiedelt wurde, ließ Helier de Carteret die Höfe am oberen Ende der vom Meer landeinwärts führenden Täler anlegen, um Invasoren schnell abfangen zu können. Das **Manoir des Seigneurs** entstand im Zentrum der Insel, nicht aber ein Dorf. Erst ab dem 19. Jh. siedelten sich Geschäfte, Lokale, die Bank und andere Serviceunternehmen am Weg zwischen dem Manoir und dem Bel Air Inn am oberen Ende des **Harbour Hill** an – die Avenue war geboren. Die Kutschen warten hier auf Kunden, ebenso ein Fahrradverleih, ein Souvenirladen, Cafés, der Supermarkt und das Tourismusbüro.

Vor Sarks kleinem Postamt mit Souvenirshop steht seit den Olympischen Spielen 2012 in London ein **goldener Briefkasten** zu Ehren von Carl Hester (geb. 1967). Aufgewachsen auf Sark und als Teenager der Champion der örtlichen Esel- und Pferderennen sowie ein attraktiver Kutscher, gewann er in London Gold mit der britischen Dressurmannschaft, Silber in Rio de Janeiro. Ein Tipp für Philatelisten: die Sonderbriefmarke im Block zum Wert von 1 £ mit dem Briefkasten als Motiv. Unscheinbar erinnert am Postamt eine blaue Tafel an **Mervyn Peake** (1911–1968). Der Illustrator und Autor des Fantasy-Romanzyklus »Gormenghast« arbeitete hier einige Jahre vor und nach dem Zweiten Weltkrieg, als das Gebäude noch Kunstgalerie war. Einige Literaturkritiker stellen Peakes Werk auf eine Ebene mit J. R. R. Tolkiens »Herr der Ringe«.

Sark scheint eine heile Welt zu verkörpern. Doch 1856 sah der Seigneur William T. Collings die Notwendigkeit, ein solides Gefängnis zu errichten: zwei Zellen in einem fensterlosen Granitbau mit Tonnendach. In **The Jail** verbringt heutzutage gelegentlich ein Betrunkener, der im Pub randaliert hat, eine Nacht. Im Ernstfall müssen Gesetzesbrecher binnen 48 Std. freigelassen oder dem Richter in Guernsey überstellt werden.

Aus napoleonischer Zeit stammt die **Kanone** vor dem Tourismusbüro (→ S. 208) im ehemaligen Schulgebäude. Sarks kulturhistorische Vereinigung, La Société Serquaise, zeigt hier und in der **Cider Press Barn** (gegenüber) Ausstellungen. Das Pressen von Äpfeln für die Herstellung von Most (→ S. 54) gehörte auch in Sark einst zum bäuerlichen Alltag. Schautafeln und archäologische Funde, die ältesten aus der Jungsteinzeit, werfen Schlaglichter auf Sarks Geschichte.

Nach historischen Aufzeichnungen gilt Sarks erster Seigneur, Helier de Carteret, als Bauherr des **Manoir**, des derben Granitgebäudes unterhalb der Cider Press Barn. 1565 hatte er den Auftrag von Königin Elizabeth I. angenommen, mit 40 Familien aus Jersey und Guernsey die Insel zu befrieden und unter den Pflug zu nehmen. Anfangs diente der lang gestreckte Trakt als Wohnhaus, Versammlungsraum sowie für Gottesdienste. Auf Feinde schien man stetig gefasst, denn die Fensteröffnungen im Obergeschoss gleichen Schießscharten. Etwas später entstand der stattliche, nach Süden ausgerichtete Bau. Das linke Ende der Traufe schmücken dort vier in Stein gemeißelte Rauten, das Familienwappen der De Carterets.

Helier de Carteret machte von seinem Privileg Gebrauch, als Seigneur eine **Windmühle** betreiben zu dürfen. Sie steht 300 m westlich des Manoir. Ihr Baujahr 1571 ist auf der zierlichen Wetterfahne zu erkennen. Am Fuß der Mauern liegt, traurig vor sich hin rostend, das Gestänge der Flügel, die an der höchsten Stelle der Insel jeden Luftzug aufnahmen. Während des Zweiten Weltkriegs haben deutsche Besatzungssoldaten die mit Segeln bespannten Flügel abmontiert und die Mühle zu einem Beobachtungsturm umfunktioniert.

Mit dem Kauf ihrer Kirchenbank, die vorderste ist der Familie des Seigneurs vorbehalten, finanzierten im Jahr 1821 Sarks 40 »alte« Familien den Bau der anglikanischen **St. Peter's Church**. Ihre Wappen schmücken die Sitz- und Kniekissen, die gekreuzten Himmelsschlüssel des hl. Petrus die Zweierbank (rechts), auf der sonntags mitunter Missetäter aus dem Gefängnis Platz nehmen mussten. Ein Fenster auf der Südseite stellt Saint Magloire dar. Auf den im 6. Jh. in Wales geborenen Heiligen, der später Erzbischof von Dol-de-Bretagne wurde, geht eine erste Mönchsniederlassung im Tal unterhalb der jetzigen Seigneurie zurück.

❸ SARK HENGE, DERRIBLE & DIXCART BAY

Zwischen Maseline Harbour und La Coupée hat das Meer idyllische Buchten und Höhlen in die Felsen gemeißelt, manche nur vom Klippenpfad her zu erspähen, einige über lange Treppenwege erkundbar. Bereits am **Harbour Hill** beginnt (vom Hafen kommend linker Hand) der Aufstieg zu einer Geschützplattform, deren Kanone in napoleonischer Zeit vor Angreifern von Osten her schützen sollte. Schlichte Wegweiser schicken emsige Wanderer über Feldwege und Trampel-Wiesenpfade zu **Sark**

Sark Henge, die Neuinterpretation eines neolithischen Steinkreises, ist Zwischen-station auf dem Klippenweg zwischen Maseline Harbour und La Coupée.

Henge. Hoch über Derrible Bay wirkt dieser Mini-Steinkreis wie ein Relikt des Neolithikums, der Name lässt Parallelen zum berühmten Monument in Großbritannien vermuten. Er ent-stand jedoch erst 2015 – als Denkmal zum 450. Jahrestag der Wiederbesiedlung von Sark 1565. Die neun Steine stammen von alten Feldtoren. Wie in grauer Vorzeit wollte man ihrer Anordnung einen Sinn geben: Durch ein »Guckloch« blickt man gen Osten nach St. Ouen/Jersey, woher Helier de Carteret stammte. Weitere blicken zur Vogelinsel L'Etac, nach La Cou-pée, zur Windmühle, nach Alderney, oder sie fangen die Strah-len der auf- bzw. untergehenden Sonne zur Sommer- bzw. Win-tersonnwende und an den Tagen der Tagundnachtgleiche ein.

Ob man dem Klippenpfad zu **Derrible Bay** und **Dixcart Bay** folgt, sollte man vom Wetter und dem aktuellen Zustand der Wege abhängig machen. Sie können sehr rutschig sein. Durch den **Hogsback** voneinander getrennt, fallen bei Ebbe kleine Sandbuchten, umspült von türkisblauen Wellen, frei. Wer das Robinson-Feeling dort sucht, sollte allerdings die vie-len Stufen des Rückwegs im Auge behalten …
Frei zugänglich, Wegweiser am Harbour Hill

Unablässig nagen die Naturgewalten an den Steilhängen von La Coupée und verursachen Felsabbrüche, die regelmäßig den Weg zum Strand im Westen blockieren.

❹ LA COUPÉE

An Sarks Wespentaille fällt es schwer, nicht ins Schwärmen zu geraten – von einem schwindelerregenden Grat stürzen die Wände 78 luftige Meter in die Tiefe. Im Jahr 1900 wurde erstmals ein Geländer an dem 90 m langen Riegel zwischen Sark und seinem südlichen Anhängsel Little Sark angebracht. Vorher mussten die Kinder von Little Sark auf dem Schulweg bei Sturm auf allen vieren über den gefährlichen Grat kriechen. Der Fahrweg wurde nach Ende des Zweiten Weltkriegs von einem britischen Bataillon unter Mitwirkung deutscher Kriegsgefangener befestigt. Der Fotoblick über den Weg und die bei Sonnenschein türkisblaue See bietet sich Besuchern an beiden Enden von kleinen Wiesen direkt am Abhang. Vorsicht – kein Geländer!

Am Nordende von La Coupée schlängelt sich ein Stufenweg steil hinunter in die Badebucht **La Grande Grève**.

❺ LITTLE SARK

Manche Besucher vermuten in Klein-Sark eine eigenständige Insel. Weit gefehlt. Noch ist Little Sark felsenfest an die nördliche Schwester angebunden. Hinter La Coupée muss man et-

was an Höhe gewinnen, um die stille Weidelandschaft überblicken zu können. Hecken wölben sich beiderseits des Weges,
duftig weiß im Frühling die Schlehenblüten, ehe Stechginster
und Geißblatt mehr Farbe in das helle Grün tupfen.

Die »Hauptstraße« endet bei der rustikalen Häusergruppe
hinter **La Sablonnerie** (→ S. 177). Ostwärts in Richtung Küste führt ein holpriger Feldweg, an dem einfache Holzschilder
die Pfade zu den Silberminen und zum Venus Pool markieren.
Zwischen 1833 und 1845 erlag Sark einem **Silberrausch**, trieben 80 Bergleute von der Insel und aus Cornwall oberhalb der
Pot Bay und Port Gorey bis 600 m lange Stollen in den Felsen.
Sie arbeiteten unter Tage sogar unter dem Meeresniveau. Man
förderte silberführenden Galenit (Bleiglanz) sowie Kupfer, doch
die geringe Ergiebigkeit und ein Wassereinbruch, der zehn
Menschenleben forderte, brachten die kostspielige Unternehmung frühzeitig zum Erliegen. Ein einziges Schiff hatte Port
Gorey mit nennenswerter Fracht verlassen. Investor Seigneur
Ernest Le Pelley war bankrott, verlor Besitz und Amt, denn er
hatte – mit königlicher Billigung – die Unsumme von 3000 £
auf die Seigneurie aufgenommen. Wie Fremdkörper ragen
zwei der alten Kamine noch aus der Ginsterheide auf, Reste
anderer Gebäude hat sich die raue, vom Meer geprägte Natur
zurückerobert (schmaler Pfad bis Port Gorey).

Über windgepeitschte Hänge schlängelt sich ein Pfad zum
Venus Pool. Nur bei Ebbe ist das Felsbadebecken gut erkennbar, der wildromantische Charakter der Küste verliert nie seine
Magie. Weiter östlich markiert ein einfacher **Dolmen** einen
steinzeitlichen Kultplatz, Ort der Verehrung vor 5000 Jahren.

❻ PILCHER MONUMENT – GOSSELIN HARBOUR

Nicht verwandt oder verschwägert war die Autorin Rosamunde Pilcher (1924–2019) mit Jeremiah G. Pilcher. Einsam sticht
sein **Ehrenmal** über der westlichen Steilküste in den Himmel,
weithin sichtbar auch von La Coupée. Der graue Obelisk wirkt
verloren in der Ginsterheide zwischen dicken Büscheln von
Strandnelken, die im Mai bzw. Juni satte rosafarbene Kleckse

über die Felsen bei **Gosselin Harbour** tupfen. Entgegen dem Anraten der Einheimischen war der Londoner Handelsherr bei schwerem Wetter am 19. Oktober 1868 zusammen mit Freunden von hier (an der Meerenge zu Brecqhou) nach Guernsey aufgebrochen. Der Sturm forderte das Leben aller an Bord. Wenn an Sommertagen Kutschen und Hunderte Radfahrer Sarks Sandwege bevölkern, bleibt es im Westen ruhig. Das könnte man als Einladung zum Picknick bei den Bänken oder an der kleinen Hafenmole mit den Füßen im Wasser verstehen.

Fußweg ausgeschildert westl. der Windmill

13 MERIAN EMPFEHLUNG

❼ LA SEIGNEURIE

Die bezaubernden Gärten im Ensemble mit den romantischen Gebäuden sind die Attraktion auf Sark. Seit 1730 residiert der amtierende Seigneur oder La Dame im Gutshaus **La Perronerie**. Suzanne Le Pelley hatte seinerzeit das königliche Lehen Sark erworben und ihren angestammten Familiensitz der vormaligen Seigneurie Le Manoir vorgezogen. Das Gehöft entstand im 17. Jh. an der Stelle eines Klosters (6.–14. Jh.) und wurde vielfach verändert, der auffällige Turm erst 1854 aufgesetzt.

In der sogenannten **Kapelle** aus dem 19. Jh. illustrieren Bildtafeln die Geschichte der Seigneurie: von Helier de Carteret über die Familie Le Pelley und ihre Pleite durch den Silberbergbau (→ S. 171), die Collings, deren Ahnherr Jean Allaire als Korsar sein Vermögen erkämpfte, und Dame Sibyl Hathaway bis zu ihrem Urenkel Christopher Beaumont, dem 23. Seigneur.

Ein weiter Platz öffnet sich unterhalb der Kapelle. Vom alten Kloster stammt noch die hohe westliche Mauer, an deren Fuß zwischen prächtigen Blütenpflanzen eine kleine **Kanone** ihren Platz fand, ein Geschenk von Königin Elizabeth I. an Sarks ersten Seigneur Helier de Carteret aus dem Jahr 1572. Die Fassade des stattlichen Wohnhauses spiegelt Jerseys Bauideal im 18. Jh. wider – vier Fenster unten, fünf oben. Und dahinter eine Vielzahl von Räumen, die 16 Treppen miteinander verbinden, denn jeder Seigneur hat sich hier baulich verwirklicht.

Jahr für Jahr spielen die Gärtner in La Seigneurie mit ein- und zweijährigen Gewächsen und überraschen die Besucher mit neuen Farb- und Blütenkombinationen.

Hinter den hohen Mauern des **Gartens** taucht man ein in das berauschende Blumenmeer: Rosen, akkurat in Buchs gefasst, füllige mehrjährige Stauden, in allen Farben und Formen Klematis und rankende Geranien. Das geschützte Geviert genießt ein Mikroklima, das selbst tropische Baumfarne gedeihen lässt.

Den **Irrgarten** legte der Seigneur John Michael Beaumont (1927–2016) mit dem Gedanken an jugendliche Besucher an. Und man darf vermuten, dass er gerne in den von ihm gestalteten, japanisch anmutenden Lauben dem sanften Glucksen der Brunnen lauschte. Bei den modernen Gewächshäusern erhebt sich, umgeben von faszinierenden Hauswurzarten, eine steinerne **Handmühle** aus dem 16. Jh. Sie trägt die Initialen von Helier und Margaret de Carteret, daneben abermals die vier De-Carteret-Rauten, die das Familienwappen zieren.

An der Rückseite des verschachtelten Wohngebäudes überragt der schmucke **Taubenschlag** blühende Büsche und die Blütenkerzen des Natternkopfs *(Echium pinninana)*. Dieses Kuriosum sowie andere mittelalterlich anmutende Elemente stammen aus der Zeit des Seigneurs William T. Collings (1855). Damals flogen Tauben ein und aus, die man als feinen Braten oder Pastete schätzte – und nur der Lehnsherr durfte sie halten.

Mit den Steintafeln an der Mauer neben dem Signalturm aus napoleonischer Zeit setzte Dame Sibyl Hathaway ihren Katzen und Hunden ein Denkmal. Kunstvolle Spaliere für Apfel- und Birnbäume umrahmen im **Le Pelley Fruit Garden** den Granitring der Apfelmühle, die erneut die Tradition der Cider-Herstellung spiegelt. Hatten die Soldaten vom Wachturm aus ehemals freien Blick auf die See hinüber nach Guernsey, spaziert man nun unter hohen Bäumen talwärts zu den **Teichen**. Die frühe Mönchsgemeinschaft hatte den Bachlauf für eine Fischzucht sowie als Reservoir für eine Wassermühle aufgestaut.

www.laseigneuriegardens.com | Ostern–Okt. tgl. 10–18 Uhr | Eintritt 6 £ | Garten- bzw. Hausführungen nach Anmeldung

❽ WINDOW IN THE ROCK

Auch nordwestlich der Seigneurie begeistert Sarks Küste. Der Weg zum »Fenster im Felsen« windet sich durch ein üppig grünes Tal, das schon in viktorianischer Zeit Besucher anlocken sollte. 1853 war William T. Collings Seigneur von Sark geworden und als anglikanischer Geistlicher nicht allein um das geistige Wohl der Insulaner besorgt. Sie sollten auch an der wachsenden Reiselust der Briten teilhaben. Er förderte den Bau kleiner Hotels und kalkulierte mit der Sensationslust der Besucher. Oberhalb von Port du Moulin rahmt seither ein in den Felsen gesprengtes Rechteck das Porträt der dramatisch aufragenden Felsnadeln **Les Autelets**, was im Französischen »die Altäre« bedeutet. Der Erfolg gab W. T. Collings recht: In den 1870er-Jahren zählte Sark mehr als 5000 Touristen pro Jahr.

Die Bauern fanden schnell eine praktische Nutzung für das Fenster, bot es doch einen guten Ankerpunkt, um Lasten wie Seetang oder selbst Gebrauchsgüter mit Flaschenzügen rund 80 m von Meeresniveau hinauf auf das Plateau zu hieven.

Wer Steine liebt, darf **Port du Moulin** nicht auslassen. Der kleine graue Strand am Fuß eines steilen Zickzackpfades gibt bei Ebbe Kiesel in vielfältigen Hell-Dunkel-Variationen frei. Und an den Wänden erkennt man, wie die Gesteinsschichten gepresst und in Wellen verformt wurden – spektakuläre Geologie.

Fuß- bzw. Radweg ausgeschildert bis Window in the Rock

Das Panorama am Window in the Rock, vor allem die bizarren Felsen Les Autelets, finden sich als Roches Douvres in Victor Hugos Roman »Les travailleurs de la mer«.

9 BRECQHOU IN DER NAHEN FERNE

Mit der Fähre zwischen Guernsey und Sark unterwegs, erhaschen die Passagiere einen Blick auf ein pompöses neugotisches **Schloss** auf einem romantischen Inselchen. Das von Sark durch die nur 70 m breite Gouliot Passage getrennte Brecqhou sorgt bei vielen Insulanern für Groll, denn seit 1993 ist es der streng bewachte Privatbesitz der Zwillinge und Medienmagnaten **Sir David** und **Sir Frederick Barclay** (geb. 1934). Sie zählen gemäß der »Sunday Times Rich List« zu den reichsten Briten mit einem geschätzten Privatvermögen von gut 8 Mrd. £ (2019 Platz 17), ihr Kapital erwirtschaftet u. a. durch die Telegraph-Mediengruppe, Londons Ritz Hotel sowie lukrative Internetshops (Shop direct). Um sich auf Brecqhou zu Hause zu fühlen, investierten sie Millionen in das Schloss mit Park, Weingärten und Hubschrauberlandeplatz auf nur 30 ha Fels. Für dessen Erwerb hatten die Barclay-Zwillinge die handliche Summe von 2,3 Mio. £ an die Krone überwiesen. Ihr eigentlicher Wohnsitz ist Monaco, ihr Einfluss auf Sarks politisches und wirtschaftliches Geschehen ist sehr umstritten.

Das schmucke Hotel La Sablonnerie auf Little Sark ist ein idealer Ausgangspunkt für geruhsame Erkundungen der alten Silberminen oder der Venuspools.

Übernachten

Zahlreiche private Vermieter bieten Zimmer und Ferienwohnungen an. Verzeichnis bei Sark Tourism (→ S. 208).

Stilvoll genießen
MR HESTER'S & CO.

Unter der Marke »Mr Hester's« sind fünf aparte Ferienhäuser über Sark verstreut. Die Ausstattung ist modern, trotzdem vermitteln sie ein Gefühl von Behaglichkeit. Rue du Moulin (Mr Hester's) | Tel. 07781/161010 | www.mrhesters. com | 4–14 Pers. pro Haus | €€–€€€

① *Romantisch*
LA MOINERIE HOTEL

An der Stelle des ersten Klosters entstand im 16. Jh. ein Hof, aus dem dieses idyllische Hotel hervorging. Schöne alte Elemente, kombiniert mit modernem Dekor. Tel. 832089 | www.lamoinerieho tel.com | April–Sept. | 13 Zimmer, 9 Lodges | €€€

② *Landhauseleganz*
STOCKS HOTEL

Üppiges Grün begrüßt die Gäste des charmanten Traditionshotels. Um drei stattliche Gutsgebäude aus dem

18. Jh. gruppieren sich groß-
zügige Außenbereiche mit
Pool und Restaurantterras-
sen. Die Ausstattung paart
Schlichtheit mit englischer
Vorliebe für florale Muster.
Dixcart Ln. | Tel. 83 20 01 | www.
stockshotel.com | 23 Zimmer | €€€€

③ Countrystyle
LA SABLONNERIE
Das einstmals abgeschiedene
Gehöft auf Little Sark hat Elizabeth Perée liebevoll in ein
charaktervolles Hotel mit einigen herrlich verwinkelten
Zimmern verwandelt. Im eleganten Restaurant mit Terrasse glänzen edle Gläser auf
weißen Tischdecken. Jenseits
des Wegs zu den Silberminen
verbirgt sich ein lauschiger
Garten, wo Mittagessen und
der Tee am Nachmittag in le-
gerem Stil serviert werden.
Little Sark | Tel. 83 20 61 | www.sa
blonneriesark.com | 22 Zimmer | €€

Essen und Trinken

④ Frisch und lecker
HARBOUR CAFE
Minnie, die gute Seele des
kleinen Hafencafés, legt größten Wert auf die frische Zubereitung von Sandwiches,
Quiche, Kuchen und Eis-

creme. Auch wer für ein Picknick einkaufen möchte, ist
hier an der richtigen Adresse.
Hafen | Tel. 0 79 11/71 20 46,
83 23 96 | im Sommer tgl. von der
ersten bis zur letzten Fähre

⑤ Urig
BEL AIR INN
Im Sommer lockt die Terrasse
viele Besucher zu einer letzten Erfrischung, abends ist
das schlichte Pub Treffpunkt
der Einheimischen, insbeson-
dere zu Sportübertragungen.
Harbour Hill | Tel. 83 20 52 |
tgl. 10–23 Uhr

⑥ Herzhafter Imbiss
AJ'S
Heiteres Ambiente, ein sonni-
ger Garten und einheimische
Küche zum angemessenen
Preis, auch Hummer & Co.
The Avenue | Tel. 83 21 85 | April bis
Sept. tgl. 9–16, Fr–Mo ab 18 Uhr | €

⑦ Im Grünen
FLEUR DU JARDIN
Das Gartenlokal punktet mit
legerer Atmosphäre, ideal für
herzhafte Fish & Chips, reich
garnierte Sandwiches sowie
hausgemachte Kuchen.
The Avenue | Tel. 83 22 55 |
Sommer tgl. 11–15 Uhr, teils
auch abends | €

⑧ *Ohne Schnörkel*
SUNFLOWER CAFÉ
Ehrenamtliche Mitarbeiter servieren flink schmackhafte Gerichte zu zivilen Preisen. Auch Tische im Freien.
Island Hall | Tel. 83 26 66 | Mo–Sa 9–16, Mi, Fr, Sa 18–19.30 Uhr | €

⑨ *Entspannend*
HATHAWAYS
Die sonnige Terrasse ist der große Trumpf dieses Restaurants in der früheren Remise der Seigneurie. Verlockend das Angebot an frischen Salaten und Sandwiches sowie der *scones* zum Cream Tea.
Seigneurie | Tel. 83 22 09 | Ostern bis Okt. tgl. 10–18 Uhr, mitunter auch abends | €€

Einkaufen

The Avenue ist Sarks kleine High Street mit dem Supermarkt, Souvenirläden und Lokalen. Stöbern Sie zwischen den kunsthandwerklichen Artikeln und ein wenig Kitsch.

⑩ *Schöne Unikate*
LORRAINE'S POTTERY & JEWELRY
Die in Sark geborene Lorraine Nicolle spielt mit den Formen der Inselnatur. Zarte Blütenmotive finden sich auf den Tonwaren wieder, in Silber schmiedet sie für ihre Kunden Seeohren und andere Muscheln als Anhänger.
The Avenue | Tel. 83 26 24 | www.sarkpottery.com | Mo–Sa 10–17 Uhr

⑪ *Der richtige Schmelz*
CARAGH CHOCOLATES & TEA GARDEN
Die exklusiven Pralinen der Manufaktur lassen jeden Widerstand dahinschmelzen … Im Sommer auch Cafébetrieb. Einige Läden in der Avenue führen ebenfalls die Caragh-Produkte.
Cae de Mat (unweit La Coupée) | Tel. 83 27 03 | www.caraghchocolates.com | Sommer tgl. 10–17 Uhr

Aktivitäten

Am Büro von Sark Tourism (→ S. 208) beginnen zwischen Mai und September die **Garden Walks** mit Teepause am Ende (Fr 14 Uhr). **Fahrräder** für die flotte Inselerkundung bieten in großer Zahl Avenue Cycle Hire (www.avenuecyclessark.co.uk) sowie A to B Cycles (www.atobcycles.com), Preis pro Tag ca. 10 £. Helm empfehlenswert!

Sark auf den Spuren der Royals – per Pferdekutsche erkundeten auch Königin Elizabeth II. und Prinz Philip bei ihren bisher vier Besuchen seit 1949 die Insel.

Im Rhythmus der Wellen
BOOTSTOUREN

Spannende, etwa 2,5 Stunden dauernde Ausflüge entlang der Küste veranstaltet Morgan Guille vom Hafen Creux aus (mit Vogelbeobachtung). Tel. 83 21 07, 0 79 11/76 43 46 | www.sarkboattrips.com | Sommer tgl. 11 u. 14 Uhr | 30 £

Lokalkolorit
KUTSCHFAHRTEN

Die Kutscher der gepflegten Gefährte wissen Interessantes über die Geschichte und das Inselleben zu erzählen. Vom Standplatz La Collinette am oberen Ende des Harbour Hill geht es zur Seigneurie (kurzer Halt), ehe man in südlicher Richtung zu La Coupée rollt. Zurück führt die Tour vorbei an der Windmühle und durch The Avenue zum Ausgangspunkt. Eine vorzeitige Reservierung wird empfohlen. Danny Wakley, Tel. 0 77 81/ 11 33 86 | Philip Perée, Tel. 0 77 81/ 10 60 58 | Sark Carriages, Tel. 83 20 27, 0 77 81/40 04 47, www. sarkcarriages.co.uk | 1,5–2 Std. ca. 15 £ pro Person, Privattouren 80–95 £ pro Kutsche

HERM

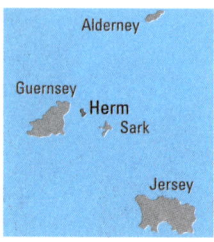

Ein zauberhafter Muschelstrand, schroffe Vogelklippen unweit des romantischen Küstenwegs, ein schmuckes Hotel, gebettet in blühende Gärten, und nicht zu vergessen das Pub – das rund 60 Einwohner zählende Herm ist ein Kaleidoskop des Archipels en miniature.

Nur 20 Bootsminuten trennen das Inselchen von Guernsey. Dennoch scheint man in eine andere Welt einzutauchen: rund 2,5 km lang, 800 m breit und frei von Autos oder Fahrrädern. Herm ist eine Oase der Ruhe, selbst wenn in den Sommermonaten tagsüber einige Hundert Besucher ausschwärmen. Der flache Norden begeistert mit langen Sandstränden, der Süden der Insel erhebt sich bis auf 70 m am dramatischen **Point Sauzebourge** und lädt zu einer Klippenwanderung ein.

Bevor die States of Guernsey Herm im Jahr 1946 für 15 000 £ von der britischen Krone kauften, hatte es den Gouverneuren des Bailiwick als Jagdrevier gedient. Im 19. Jh. wurden Granit, Kupfer- und Silbererze abgebaut, danach überließ die Krone die Insel verschiedenen Pächtern. Einer war Gebhard Prinz Blücher von Wahlstatt, ein Nachfahre des gleichnamigen Freiheitshelden aus den Napoleonischen Kriegen. Er ließ 1889–1914 das Wegenetz anlegen und **Le Manoir**, das Gutsherrenhaus, ausbauen. Sein heutiges Gesicht verdankt Herm der Familie Woods, welche die Insel ab 1949 gepachtet hatte. Seit 2008 obliegt das Management der Familie Singer im Auftrag einer gemeinnützigen Stiftung. Die Versorgung sichern ein Dieselkraftwerk, ein Wasserpumpensystem, ein Kindergarten und die Grundschule. Auf Herm ist somit ein echtes Gemeinwesen entstanden. Darin unterscheidet es sich vom privaten Nachbarinselchen **Jethou**, wo Sir Peter Ogden nur Ornithologen Zutritt zu den Brutplätzen der Seevögel gewährt.

Auch aus der Luft strahlt Herms einzigartiger Shell Beach als weißes Band im Nordosten. Die Füße im Muschelpuder, fühlt man sich beinahe wie in der Karibik.

Sehenswertes

GARTENTOUR DES CHEFGÄRTNERS

Charmant führt **Brett Moore** seine Gäste durch die einmalige Flora der Insel. So plaudert er nicht nur über die heimischen Gewächse, in den zwei Stunden der Tour gibt er auch Tipps für die Pflege von exotischen Pflanzen und erläutert seine gestalterischen Ideen. Immerhin gewann Herm seit 2002 mehrfach im Wettbewerb »Britain in Bloom« der Royal Horticultural Society eine Goldmedaille in der Sparte »Coastal Resorts«.

Tel. 72 13 79 | Mitte April–Mitte Sept. Di 11 Uhr | Ticket 8 £

❶ THE COMMON – ROBERT'S CROSS DOLMEN

Auf dem renaturierten Dünenareal des Herm Common im Inselnorden sind die Überreste 5500–4000 Jahre alter jungsteinzeitlicher **Megalithgräber** zu finden. Ihr Zustand variiert beträchtlich, denn die Steine waren willkommenes Material für den Hausbau im 19. Jh. Am besten erhalten ist das Grab am **Robert's Cross**. Ein von den Fischern als Seemarke genutzter Menhir, genannt »Pierre aux Rats«, verschwand ebenfalls in der Zeit des Granitabbaus. Ihn ersetzte der Obelisk.

Frei zugänglich

❷ SHELL BEACH UND DIE STRÄNDE DES NORDENS

Der feinsandige, einen Kilometer lange »Muschelstrand« im Nordosten läuft allen den Rang ab. Hier spült der Golfstrom ständig winzige Muscheln an und zerreibt sie zu hellem Sand. Über 150 Arten wurden bisher gezählt. Die Herausforderung: Wer entdeckt die meisten bei einem Spaziergang?

Zu entspannenden Strandwanderungen bei Ebbe laden **Fisherman's Beach** und **Bear's Beach** im Westen sowie **Mouisonnière Beach** im Norden ein. Hohe Felsen umschließen die bezaubernde **Belvoir Bay**, die perfekte Idylle für ein Bad in den Wellen. Eine kleine Kolonie von Papageitauchern nistet in der **Puffin Bay** im Südosten. Von April bis Juli kann man sie auf geführten Kajaktrips, »Puffin Patrol« genannt, beobachten.

Am Shell Beach im Sommer Kajak- und Paddelbordverleih; auch geführte Touren | Tel. 0 77 81/13 04 03 | www.outdoorguernsey.co.uk | Verleih ab 10 £ pro Std., Touren ab 40 £

❸ ST. TUGUAL'S CHAPEL & LE MANOIR

Im 11. Jh. hatte der normannische Herzog Robert die Insel den Benediktinern von Mont St-Michel überlassen. Sie bauten eine einfache Kapelle, die später als Waschhaus diente. Die vier Glasfenster, die die Familie Woods in Auftrag gab, zeigen Christus, der den Sturm besänftigt und die Fischer aufruft, ihm zu folgen, sowie Samuel im Tempel und Noah und die Arche. Die Kapelle gehört zum Gutshaus Le Manoir, das auf das 15. Jh. zurückgeht.

Kapelle frei zugänglich

Übernachten

❶ *Stimmungsvoll*
THE WHITE HOUSE HOTEL

Schmuckes, sehr britisches Hotel im Landhausstil am Hafen mit herrlichem Garten, Swimmingpool, spektakulärem Meerblick und Tennisplatz. Am Abend haben die Gäste die Insel fast für sich. Gutes Restaurant und freundlicher, hilfsbereiter Service.

Ostern–Anfang Okt. | Tel. 75 00 75 | www.herm.com | 40 Zimmer | €€€

Herm

Für zwei bis acht Personen
COTTAGES UND FERIENWOHNUNGEN

Zentrale Vermittlung: Tel. 75 00 00 | reservations@herm.com

Essen und Trinken

Die **Strandcafés** am Shell Beach und an der Belvoir Bay bieten Getränke und am Mittag kleine Snacks. Herzhafte Pubgerichte werden auf der Terrasse der **Mermaid Tavern** serviert (Tel. 75 00 50, €, Küche 12–14.30, 18–21 Uhr, Juni–Aug. durchgehend).

Das gepflegte **Conservatory Restaurant** (Tel. 0 14 81/75 00 75, €€) des White House Hotel verwöhnt seine Gäste auf höchstem kulinarischen Niveau. Im Stil einer Brasserie ist **The Ship Inn** (€€, ebenfalls im Hotel) mit Terrasse gemütlich und leger gehalten.

ALDERNEY

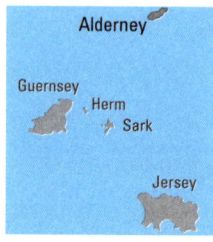

*Strahlend weiße Sandstrände heißen
die Badegäste willkommen, Vogel-
kolonien begeistern Naturfreunde,
Forts laden zu historischen Erkundungen ein, und in den Pubs knüpft
man mit den Einheimischen mühelos
Kontakte. Schnell werden Sie sich
auf der Insel heimisch fühlen.*

Mit einer Länge von gerade einmal 5,3 km und einer Breite
von 2,4 km ist Alderney die drittgrößte der Kanalinseln.
Frankreichs Küste zeichnet sich deutlich am östlichen Horizont ab, Cap de la Hague liegt nur 14 km entfernt. Daher ist
Braye Harbour ein beliebtes Ziel französischer Segler. Die
2400 Insulaner leben heute überwiegend vom Tourismus, seit
einigen Jahren haben sich zudem E-Commerce-Firmen (vorwiegend Wettbüros) etabliert. Ein Bauer hält noch Kühe und
deckt damit den Milchbedarf der Insel. Obwohl Alderney zum
Bailiwick of Guernsey gehört, hat es sein eigenes Parlament,
das alle vier Wochen zusammentritt. Es gibt mehrere Banken,
ein Krankenhaus, Schulen und einige Kirchen.

Archäologen können seit 2009 belegen, dass Römer zum
Schutz des natürlichen Hafens in der **Longis Bay** ein kleines Fort
errichteten. Bescheiden wirken die antiken Reste von **The Nunnery** gegenüber mehr als einem Dutzend imposanter Küsten-
festungen aus dem 18./19. Jh. Nach der »Battle of Jersey« 1781
fürchtete man auch in Alderney eine französische Invasion.

Auch die deutsche Besatzungszeit während des Zweiten
Weltkriegs hat auf der 1940 fast komplett evakuierten Insel ihre
Spuren hinterlassen. Tausende Zwangsarbeiter waren gezwun-
gen, Bunker, Artilleriebastionen und Panzersperrmauern an
den Buchten zu errichten, um den »Atlantikwall« auszubauen.
Auf Alderney befand sich ab dem Jahr 1943 das einzige Konzentrationslager auf britischem Boden, das **Lager Sylt**.

Heute Kulisse für Corblets und Arch Bay, sollte das 1855 vollendete Chateau à l'Etoc den nie gebauten östlichen Wellenbrecher von Braye Harbour sichern.

Die Küstenszenerie ist zwar weniger dramatisch als auf den Nachbarinseln, aber die weißen Sandsicheln der Buchten und das im Wechsel der Gezeiten überflutete **Felsenwatt** (Ramsar-Gebiet) bieten einen unvergesslichen Anblick. 1979 wurden Szenen des James-Bond-Films »Moonraker« an der Küste bei **Fort Clonque** gedreht. Wer in den Abendstunden spazieren geht, sieht möglicherweise einen der nur hier zu findenden blonden Igel durch das Gras oder über eine Straße huschen.

Ein kleines Highlight ist das Städtchen **St. Anne** mit seinen freundlichen Straßen. Vor allem aber machen die Menschen die Insel Alderney so sympathisch. Schnell kennt man einige Gesichter, sodass es einem bald wie den Einheimischen ergeht: Sie fahren nur einhändig Auto, die zweite Hand brauchen sie zum Grüßen. Das entspannte Leben auf Alderney hat immer wieder VIPs auf die Insel gebracht. Eine von ihnen war **Elisabeth Beresford** (1926–2010). Die Autorin der Kinderbuchreihe »Wombles« lebte und arbeitete hier mehr als 30 Jahre.

ST. ANNE

Inselkarte → S. 187

2000 Einwohner

Die einzige geschlossene Ortschaft auf einer Anhöhe im Insel-innern verströmt den Charme eines beschaulichen englischen Landstädtchens, obwohl die meisten Gebäude noch keine 150 Jahre alt sind. In der **Victoria Street** liegen alle wichtigen Institutionen versammelt: Pubs und Speiselokale, das Tourismus-büro, das Postamt und die anglikanische **St. Anne's Church** (1850), wo auf dem Friedhof auch Elisabeth Beresford begra-ben liegt. Victoria Street mündet in die High Street. Rechter Hand lädt das **Alderney Society Museum** zu einem kulturel-len Exkurs ein. Die interessante (wenngleich nicht ganz mo-derne) Präsentation zur Inselgeschichte beleuchtet die prähis-torische Zeit und reicht bis in die Gegenwart. Bemerkenswert sind die 1992 gehobenen Wrackteile eines Schiffes aus elisabe-thanischer Zeit (www.alderneymaritimetrust.org, April–Okt. tgl. 10–12, Mo–Fr auch 14.30–16.30 Uhr, Eintritt 3 £).

Übernachten

Viktorianisch charmant
ST. ANN'S GUEST HOUSE S. 187, b2
Kleine Pension in einem hüb-schen Stadthaus mit indivi-dueller Einrichtung. In der Lounge fühlt man sich wie zu Königin Viktorias Zeiten. Mit Garten, Abendessen möglich.
10 Huret | Tel. 82 31 45 | www.stan nesguesthouse.com | 3 Zimmer | €

In frischen Farben
THE VICTORIA S. 187, b2
Das schmuck ausgestattete kleine Stadthotel bezaubert Gäste schon in der behagli-chen Lounge und verspricht entspannende Nächte.
1 Victoria St. | Tel. 82 24 71 | www. thevictoria.gg | 6 Zimmer | €€–€€€

Zum Verwöhnen
THE BLONDE HEDGEHOG S. 187, b2
Die alten Mauern aus dem 18. Jh. harmonieren mit der bezaubernden und opulenten Ausstattung. Die Küche mit fast täglich wechselnder Karte legt Wert auf lokale Zutaten, und ein romantischer Garten wartet auf die Besucher. Sehr aufmerksamer Service.

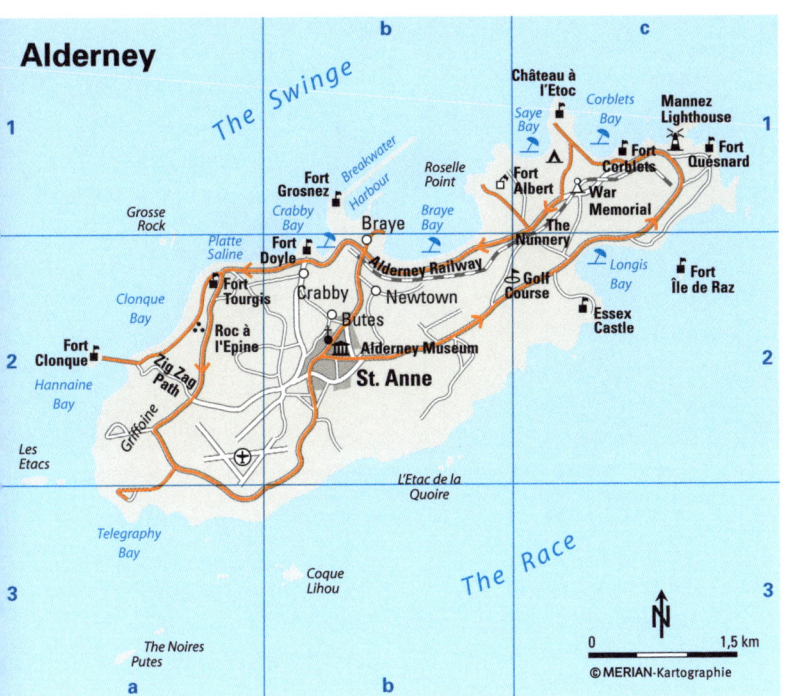

Alderney

The Swinge · The Race · The Noires Putes · Coque Lihou · Telegraphy Bay · Les Etacs · L'Etac de la Quoire · Hannaine Bay · Fort Clonque · Clonque Bay · Grosse Rock · Giffoine · Zig Zag Path · Roc à l'Epine · Fort Tourgis · Platte Saline · Fort Doyle · Crabby Bay · Fort Grosnez · Breakwater · Harbour · Braye · Roselle Point · Braye Bay · Crabby · Newtown · Butes · Alderney Railway · St. Anne · Alderney Museum · Golf Course · The Nunnery · War Memorial · Fort Albert · Saye Bay · Château à l'Etoc · Corblets Bay · Fort Corblets · Mannez Lighthouse · Fort Quesnard · Longis Bay · Fort Île de Raz · Essex Castle

0 — 1,5 km

© MERIAN-Kartographie

Le Huret | Tel. 82 32 30 | http://
blondehedgehog.com | 7 Zimmer,
2 Suiten, 1 Apartment | €€€€

Konsequent modern
VILLA MONDRIAN
s. 187, b2

Farbenfrohe Mini-Apartments
ohne Küche, aber mit Kühl-
schrank und Sonnenterrasse.
Die Frühstückszutaten werden im Paket zur eigenen Zubereitung bereitgestellt.
Fontaine David | Tel. 0 79 11/
73 37 03 | www.villamondrian.com |
4 Apartments | €€

Essen und Trinken

Der Klassiker
THE GEORGIAN
HOUSE s. 187, b2

Leger und gepflegt zugleich
und eines der beliebtesten
Restaurants der Insel – nicht
zuletzt wegen der Terrasse
und des Wintergartens. Hier
buchen die Einheimischen
gerne ihr *sunday lunch.*
Victoria St. | Tel. 82 24 71 | www.
georgianalderney.com | Restaurant
Mo–Sa 12–14, 18–21, So 12–14.30,
Bar tgl. 10–0.30 Uhr | €€

Rund 100 Paare der gefährdeten Atlantischen Papageitaucher nisten auf der Insel Burhou. Nur zur Brutzeit zeigen sie die auffällige Zeichnung des Schnabels.

Vive la France
LE PESKED S. 187, b2
Küchenchef David Ollivrins, ein waschechter Bretone, verleiht den Klassikern seiner Heimat eine pfiffige Note. Köstlich sein Coq au Vin.
30 Victoria St. | Tel. 82 38 41 | tgl. ab 9, Lunch 12–14.30, Dinner 18.30–21.30 Uhr | €€

Einladend leger
BUMPS BISTRO
S. 187, b2
Die Einheimischen schwatzen angeregt an der Theke, während Eddie Naish in der Küche professionell agiert. Er verleiht englischen Klassikern eine kreative Note, ob Steak oder handgetauchte Jakobsmuscheln. In den Sommermonaten lockt der Garten.

Victoria St. (hinter Nellie Gray's) | Tel. 82 31 97 | Di–Sa 12–14, 18–20 Uhr, So Lunch | Reservierung empfohlen | €€

Pubklassiker
THE CORONATION INN S. 187, b2
Populäres Lokal für ein kühles Helles, v. a. am Freitag und Samstag; mitunter Livebands.
36 High St. | Tel. 82 26 30 | Mo–Do 11–14, 16–24, Fr, Sa 10–24, So 12–14.30 Uhr

Einkaufen

Wolliges
ALDERNEY WILDLIFE TRUST S. 187, b2
Neben netten Andenken stehen hier robuste Guernsey-Pullover zum Verkauf. Ge-

fertigt werden diese in der Manufaktur in Braye Harbour (www.channeljumper.com für den Onlineshop, → S. 50)

48 Victoria St. | Tel. 82 29 35

Aktivitäten

 MERIAN EMPFEHLUNG

Natur hautnah
ALDERNEY WILDLIFE TRUST S. 187, b2

Wanderungen und Touren zur Vogelbeobachtung (ab vier bis fünf Pers.), u.a. per Boot zu den Kolonien der Papageitaucher auf der Insel Burhou und der Basstölpel auf Les Etacs (→ S. 189).

48 Victoria St. | Tel. 82 29 35 | www.alderneywildlife.org

Spannender Überblick
ALDERNEY TOURS

Zweistündige Inseltouren mit Mini-Bussen. Der Vogelspezialist John Horton weiß ebenso kenntnisreich wie unterhaltsam über Natur und Geschichte zu berichten.

Tel. 0 78 15/54 91 91 | www.alderneytours.co.uk | April–Okt. | Ticket 15 £

Gut beraten
CYCLE & SURF S. 187, b2

Die Besitzer der Fahrradvermietung (mit kleinem Sportartikelladen) helfen gerne bei der Tourenplanung. E-Bikes verfügbar, Helm empfohlen. Flexible Rückgabeorte.

Les Rocquettes | Tel. 82 22 86 | www.cycleandsurf.co.uk

MERIAN TOP 10

LES ETACS S. 187, a2

Mehr als 6000 **Basstölpelpaare** *(gannets)* nisten auf zwei Felsen vor der Westspitze der Insel, weitere 2000 auf dem 5 km entfernten Inselchen Ortac. Nachdem sie den Winter auf dem Meer verbracht haben, beginnen die Vögel im Februar mit dem Nestbau. Bis September ist die Luft von ihren Schreien erfüllt. Sie sind mit bloßem Auge von den Wegen sowie mit dem fest installierten Fernrohr im Gebiet **Giffoine** gut zu beobachten. Basstölpel haben eine Flügelspannweite von bis zu 180 cm. Haben sie Fische erspäht, stürzen sie sich pfeilartig ins Meer.

Aussichtspunkt an den Klippen 2 km südwestlich von St. Anne | Bootsausflüge des Alderney Wildlife Trust (→ S. 189).

LONGIS BAY UND
THE NUNNERY S. 187, c2

Elegant schwingt sich die sandige **Longis Bay** vom Kap bei
Essex Castle nach Osten. Die ursprüngliche Marsch wird be-
grenzt von einer 500 m langen Panzerabwehrmauer, welche die
deutsche Wehrmacht während des Zweiten Weltkriegs durch
Zwangsarbeiter errichten ließ. Obenauf sitzt noch einer der **Alderney Stones**. Im April 2011 war die Insel Schauplatz eines
spektakulären Kunstprojekts des britischen Land-Art-Künstlers
Andy Goldsworthy. Er fertigte elf mannshohe Kugeln aus ver-
dichtetem Ton und bettete in diese alltagtypische Dinge, die er
selbst gefunden hatte: Taue, Ketten, Gummihandschuhe und
Ziegelstückchen vom Strand, Brombeeren und Stacheldraht.
Goldsworthy platzierte die Kugeln an sinnträchtigen Stellen.
Den Elementen ausgesetzt, waren einige schnell verfallen. In
einem Bunker bei **Fort Tourgis** (→ S. 202) und hier auf der
Hafenmauer blieben Reste erhalten. Vom Strand aus kann man
bei Ebbe über einen Dammweg zur **Île de Raz** mit einer Festung
aus dem Jahr 1854 (Privatbesitz) laufen. Nach Süden genießt
man von dort den Blick auf die bizarren Hanging Rocks.

Im Süden von Longis Common erhebt sich die kleine, **The
Nunnery** genannte Festungsanlage. Als Les Murs de Bas, die
»unteren Mauern«, wird sie im 16. Jh. beschrieben – im Ge-
gensatz zu Les Murs de Haut: **Essex Castle**. Neue archäologische Grabungen seit 2009 und Vergleiche mit römischen Signalstationen an der Küste von Yorkshire haben die Vermutung
erhärtet, dass es sich bei The Nunnery, wörtlich »das Frauen-
kloster«, um eine Anlage aus dem 4. Jh. handelt. Im Innern
entdeckte man Fundamente eines zentralen Turms mit 2,8 m
dicken Mauern, wehrhaft wie der Hadrianswall. Das Fort si-
cherte den Hafen der Longis Bay und eine kleine römische
Siedlung. Ihre Grundmauern liegen unter dem Sand der Bucht
begraben. Innerhalb der Mauern entstand während der deutschen Besatzungszeit ein Bunker. Eine kleine archäologische
Ausstellung befindet sich gerade im Aufbau.

Longis Bay | tagsüber frei zugänglich

Alderney Railway – eine vergnügliche Kurzstrecke für Londoner U-Bahn-Waggons in Pension. Im Hintergrund der Marinepeilstand MP3 aus dem Zweiten Weltkrieg.

Essen und Trinken

Blütentraum
OLD BARN
Das ideale Gartenlokal für leckere Kuchen oder *scones* am Nachmittag. Bei den *sunday lunches* sitzen die Einheimischen am Nachbartisch.
Longis Bay | Tel. 82 25 37 | im Sommer Di–Sa 11–18, So bis 16 Uhr | €€

BRAYE HARBOUR UND ALDERNEY RAILWAY S. 187, b1

Eine 1400 m lange Mole schiebt sich vor der weiten **Bray Bay** ins Meer. Ursprünglich sollte sie, erbaut zwischen 1847 und 1872, der britischen Flotte bei Konflikten mit Frankreich Schutz bieten. Das **Breakwater** bricht im wahrsten Sinn des Wortes die Wucht der Brecher bei Sturm aus Nordwest und schützt den hellen Strand, wo es Spaß macht, barfuß zu laufen und auf einer der Restaurantterrassen zu sitzen.

Oberhalb des kleinen Fracht- und Fährhafens beginnt der einzige noch befahrene Schienenstrang auf den Kanalinseln. Er verbindet seit 1847 Braye Harbour mit dem 2 km entfernten Steinbruch **Mannez Quarry**. Damals wurde er für den Trans-

Sonnenuntergang über Burhou. Die Vogelinsel ist Teil eines gefährlichen Riffs westlich von Alderney, das schon manchem Schiff zum Verhängnis wurde.

port der Granitblöcke zum Bau der Mole verlegt, heute zieht sonntagnachmittags zwischen Ostern und September (im Juli und August auch samstags) eine **Diesellok** zwei alte rote Waggons der Londoner U-Bahn über die Schienen.

Von der Endstation im Osten führt ein kurzer Spazierweg zum schwarz-weißen **Mannez Lighthouse** am Quésnard Point, seit seiner Entstehung 1912 ein Wahrzeichen der Insel (keine Innenbesichtigung). Es war für die Seefahrt überaus bedeutend, da in der Meerespassage zwischen Alderney und Frankreich, genannt The Race, einer der stärksten Gezeitenströme Europas sowie der felsige Untergrund extreme Gefahren darstellen. Das gigantische Nebelhorn schickte man 2011 in den Ruhestand.
www.alderneyrailway.gg | Rückfahrkarte 6 £, Kinder 3 £

Übernachten

Wellenrauschen
BRAYE BEACH HOTEL
In früheren Bootshäusern entstand ein charmantes Boutique-Hotel. Von vielen Zimmern schweift der Blick über die weiße Sandsichel der Braye Bay, ebenso von der Barterrasse und dem Restaurant. Sogar ein Kino gibt's im Haus.

Braye Harbour | Tel. 82 43 00 | www.brayebeach.com | 27 Zimmer | €€€

Essen und Trinken

Bodenständig
THE BRAYE CHIPPY
Ein legendäres Fish-&-Chips-Lokal, das an manchen Abenden auch zu *moules and frites* oder deftigem *bean jar* ein-lädt. Bier und Wein bringen die Gäste selbst mit.

Braye Harbour | Mi–Sa 17–20 Uhr, Aug. auch Di u. So | €

Abtauchen
THE DIVERS INN
Das traditionelle Pub ist ein beliebter Treff der Einheimischen mit schöner Terrasse.

Braye Harbour | tgl. 10.30–1, Küche 12–15, 18–22 Uhr | €

HAMMOND WAR MEMORIAL
S. 187, c1

An der Straße zu Fort Corblets überrascht an einer Weggabelung eine **Gedenkstätte** mit Texten in Polnisch, Russisch, Hebräisch, Französisch und Spanisch. 1966 entstand auf Initiative der Familie Hammond diese Ehrung für die Opfer unter jenen ausländischen Zwangsarbeitern, die während des Zweiten Weltkriegs in den Lagern Borkum, Helgoland, Norderney und Sylt zu Tode geschunden wurden. Nach Schätzungen kamen mehr als 700 Menschen ums Leben. Unter unmenschlichen Bedingungen hatte man sie beim Bau der Bunker und Panzersperren eingesetzt. Und für den klotzigen Marinepeilstand MP3, heute **The Odeon** genannt, der sich auf der Anhöhe weiter nördlich abzeichnet (Zufahrt von Osten, Aussichtspunkt).

BURHOU ISLAND   S. 187, westl. a1

In dem bedeutenden Vogelschutzgebiet brüten von März bis Juli die putzigen **Papageitaucher** *(puffins)* zu Hunderten. Der Zutritt ist im Allgemeinen nur für Ornithologen gestattet, doch können Besucher die Vögel live auf außergewöhnlichen Bootstouren des Alderney Wildlife Trust (→ S. 189) erleben.

www.alderneywildlife.org | auch Webcam

Petit Bot Bay – wo an Guernseys Südküste kleine Wasserläufe ins Meer münden, erstrecken sich einladende Strandbuchten.

AUSFLÜGE UND WANDERUNGEN

Jerseys Riffinseln schrumpfen zu winzigen einsamen Eilanden, sobald die Flut aufläuft. Sie lassen sich wunderbar im Rahmen einer Bootstour erkunden.

AUSFLUG
Natur in einsamer Schönheit – Bootstour zu Les Écréhous oder Les Minquiers

Eine Bootstour zu den Riffinseln des Bailiwick of Jersey führt in eine abgeschiedene Meereswelt, einst harter Arbeitsplatz der Fischer und der Arbeiter im Steinbruch, bei Sonnenlicht ein Traum in Türkis. Unterwegs tauchen regelmäßig Delfine als Begleiter auf.

Charakteristik: Touren mit modernen RIBs *(rigid inflatable boats)*, Festrumpfschlauchbooten, für bis zu zehn Personen ab St. Catherine's Breakwater (Busse ab St. Helier) oder St. Helier Harbour. Durchführung wetterabhängig, Vorbuchung erforderlich **Dauer:** Bootsfahrt 20–40 Min., gesamt ca. 3 Std., bei kombinierten Kajak- oder Wandertouren 4 Std. **Gut zu wissen:** Die Inseln sind Ramsar-Gebiete und Teil des Jersey National Park mit Schutzzonen für Seevögel. Die südlichste Toilette der Brit. Inseln auf Les Minquiers, keine auf Les Écréhous **Anbieter:** www.jerseyseafaris.com, www.jerseywalkadventures.co.uk

EILANDE DER VÖGEL UND FISCHER

Sehnen Sie sich manchmal nach magisch blauem Meer und der Stille entlegener Inseln? Ausflüge zu den Archipelen Les Écréhous (10 km) oder Les Minquiers (21 km) bieten genau dies: eine flotte Bootsüberfahrt und auf den Eilanden Muße für ein Picknick (mitzubringen). Vor allem bei **Les Écréhous** – der Wikingername bedeutet »felsige Inseln« – wirken die Häuschen von der Ferne, als würden sie auf dem Wasser schweben. Einige sitzen wie Noahs Barke auf einem Felsklotz, der bei Flut komplett vom Meer umrundet wird. Bis um 1900 lebten wochentags auf den Inseln nur Fischer, die zum Zeitvertreib Reusen oder Körbe flochten und Seetang für ihre Matratzen sammelten. Ihre *cabins* sind heute im Besitz alteingesessener Familien. Sind die Besitzer anwesend, stehen in der Regel die Türen offen.

Die größte Insel von Les Écréhous, **La Maître Île** mit den Ausmaßen 190 x 50 m oder 750 x 350 m je nach Tidenstand, ist schwer anzulaufen, der Blick auf die spärlichen Mauerreste eines Priorats (1203) den Kajakfahrern vorbehalten. Hauptbewohner sind die Seevögel. Ziel der RIBs ist **Marmotière**, wo sich die Häuschen um den »Royal Square« gruppieren, unweit des Flaggenmastes und des riesigen Rocking Stone – versuchen Sie ihn zum Schaukeln zu bringen. Hier und am fernen Ende einer steilen Kiesbank, **La Taille**, hinter den Häuschen von **Le Blianque Île**, nisten im Frühsommer Seeschwalben und füllen den Himmel mit ihrem unverkennbaren Schreien. Weiter nördlich erstrecken sich strahlende Sandbuchten.

RAUE HEIMAT DER DELFINE

Schon die längere Überfahrt zu **Les Minquiers** verstärkt das Gefühl von Abgeschiedenheit. **Maitresse Île**, wo die Boote anlegen, wirkt rauer. Stürme fegen ungebremst über den Archipel, der bei extremen Springtiden die Ausmaße von Jersey gewinnt. Hier fand man prähistorische Tonscherben und erkennt heute die Spuren des Granitabbaus (bis Anf. des 19. Jh.), schlichte Hütten der Fischer neben einer großartigen Meeresfauna, die – vor allem im Winter konzentriert um die Inseln – ca. 320 Große Tümmler *(bottlenose dolphins)* umfasst.

WANDERUNG

**Klippenweg im Südosten von Guernsey –
Auf den Spuren der Künstler**

Beeindruckende Felsformationen und die Küstenflora zwischen St. Peter Port und Petit Bot Bay begeistern heute ebenso, wie sie im 19. Jh. berühmte Künstler und Naturliebhaber inspirierten. Einen ganz besonderen Zauber verleihen im Frühjahr die Bluebells, die leuchtend blauen Waldhyazinthen, dem Küstenwald südlich von St. Peter Port.

Start: St. Peter Port **Ziel:** Petit Bot Bay **Dauer:** Tagesausflug **Länge:** 10 km **Schwierigkeitsgrad:** leicht bis mittel zwischen St. Peter Port und Jerbourg; mittel bis schwierig zwischen Jerbourg und Petit Bot Bay. Nicht das Gelände selbst ist schwierig, aber lange Treppenfluchten mit hohen Stufen machen manche Streckenabschnitte auf- wie abwärts anstrengend. Gute Busverbindungen ermöglichen es, die Tour aufzuteilen.

Nur wenige Schritte südlich des Busbahnhofs eröffnet sich in St. Peter Port der Blick auf das mächtige **Castle Cornet** und seine lange Mole, die die Burg erst seit dem 19. Jh. mit Guernsey verbindet. Es gab sie noch nicht, als Victor Hugo frühmorgens in den künstlichen Badepool der **Havelet Bay** in die kühlen Fluten stieg. Heute trifft man hart gesottene Schwimmer selbst in der kühlen Jahreszeit bei den Becken, deren Wasser seit über 100 Jahren mit jeder Flut erneuert wird.

EINTAUCHEN IN ERFRISCHENDES GRÜN

Der erste Treppenweg erklimmt die Höhe der **Clarence Battery** am Ende der Straße – ein letztes Hafenpanorama, ehe man eintaucht in einen Waldweg, der sich bald danach zu einem Asphaltweg entlang herrlich gelegener Villen mausert. Jedoch nur über wenige Hundert Meter, ehe sich die Baumkronen

Die markanten Felsen der Pea Stacks westlich von Jerbourg Point sind auch auf einem von Renoirs Gemälden von Kindern am Strand (1883) auszumachen.

wieder über dem Weg schließen. Zwischen mächtigen Laubbäumen und Kiefern verpasst man leicht die 88 **Ozanne Steps** hinunter zum felsigen Ufer. Ein Gouverneur gönnte sich im 19. Jh. den Luxus eines Privatzugangs zum Meer. Schon der erste kleine Absatz mutet wie eine verwunschene Grotte an, einst waren die Wände überzogen mit Hunderten kleiner und großer Ormer-Schalen. Salz, Regen und Wind haben sie bröckeln lassen und nagen unerbittlich an Stufen und Balustraden.

AUF DEN SPUREN VON VICTOR HUGO

Nicht nur im Frühjahr genoss Victor Hugo den Pfad durch den **Bluebell Wood**, wenn unter hohen Bäumen der Boden im satten Blau der Waldhyazinthen leuchtet. Als ein »Schauspiel voller Zauber« beschrieb er seine Eindrücke in der nahe gelegenen **Fermain Bay**, wo er am Fuß des trutzigen Wachturms im türkisblauen Wasser baden ging. Hier fürchtete Guernsey noch im 19. Jh. den Einfall von Franzosen, Soldaten sollten das Vordringen des Feindes vereiteln. Die karge Ausstattung des dreistöckigen Beobachtungsturms ist dem geschmackvollen modernen Interieur für ein Urlaubsdomizil gewichen, das der National Trust vermietet (www.nationaltrust.gg).

Bis knapp 100 m über dem Meer und dann wieder auf Seehöhe erfordert Guernseys Klippenpfad im Süden ein wenig Kondition, doch die Landschaft ist es wert.

Zeit für eine erste Rast – das Beach Cafe serviert in den Sommermonaten herzhafte Snacks, leckere Kuchen und Getränke auf einer Terrasse oberhalb der Bucht. Der Pfad windet sich nun von der Fermain Bay aufwärts in Richtung Süden. Auf dem Plateau oberhalb der Klippen entdeckt man die ersten Wegweiser zu Doyle Column. Hier abzukürzen hieße, den pittoresken Küstenabschnitt bis St. Martin's Point zu verpassen.

Unterhalb hoher Pinien öffnet sich die kleine **Marble Bay**, wenig später sprenkeln im Sommer, vertäut an langen Leinen, kleine Fischerboote die Bucht des winzigen Fischerhafens **Bec du Nez**. Krebs- und Hummerreusen türmen sich im Schutz steiler Felsen, von denen sich eine Rampe steil ins Meer senkt.

LAND'S END IM SÜDOSTEN

Dramatisch schiebt sich bald **St. Martin's Point** mit seinem weißen Signalturm ins Meer. Der 2,35 Mrd. Jahre alte Icart-Gneis, eines der ältesten Gesteine der Erde, ist hier bizarr verwittert. Nach vielen Stufen hinauf auf das Plateau bieten der kleine Kiosk oder die Terrasse des Jerbourg Hotels einen grandiosen Rundblick sowie die vorzügliche Gelegenheit, Mittag zu essen.

Dem Steilhang folgt der Klippenpfad nach Westen. Schmale Bänder von Perelle- und Pea-Stack-Gneis – benannt nach den markant vorragenden Felsbrocken im Meer bei **Jerbourg Point** – unterbrechen den grauschwarzen Fels des Gondwana-Urkontinents. Doch wer denkt an die bemerkenswerte Geologie, wenn im Frühsommer die letzten Bluebells Akzente zwischen strahlenden Strandnelken und Margeriten setzen?

Eine gute Stunde nach dem Losmarsch an der Fermain Bay hat man Jerbourg Point umrundet und steht vor der **Doyle Column**. Auf das Ehrenmal für Guernseys federführenden Lieutenant Governor im Straßenbau (1803–1813 auf der Insel) finden sich abermals Bezüge bei Victor Hugo.

LEINWANDZAUBER DER BUCHTEN

Das nächste Ziel in Richtung Westen ist **Le Petit Port**. »Der kleine Hafen« zählt zweifellos zu den einsamsten Buchten der Insel, der Preis für das intime Strandgefühl bedeutet jedoch viele, viele Stufen, die bei Ebbe auf eine strahlende Sandfläche münden. Entlang der Südküste fällt nun auf, dass das Hochplateau landwirtschaftlich genutzt wird, während die steilen Taleinschnitte Stechginster und Schlehengestrüpp überziehen.

Im Tal von **Moulin Huet** schlängelt sich ein Weg (vorbei an einem Café) hinunter in die gleichnamige Bucht. Er ist Teil des sogenannten Renoir Walk (→ S. 150). Die Schönheit der Bucht inspirierte 1883 Renoir u. a. zu seinem von Licht erfüllten Gemälde »Enfants au bord de la mer, Guernesey« (im Hintergrund die Pea Stacks, auch Les Tas de Pois d'Amont genannt).

Der Klippenpfad windet sich oberhalb der zerklüfteten Buchten und der markanten **Dog and Lion Rocks** zur engen **Saints Bay** (mit kleinem Café am Hafen). Weiter über **Icart Point** (Toiletten) erreichen Sie die bezaubernde **Petit Bot Bay**. Ihr wunderbarer Strand umrahmt von zerklüfteten Felsen, lädt dazu ein, die Füße zu kühlen oder sogar ein wenig zu schwimmen. Der Wachturm setzt auch hier einen militärischen Akzent. Zu einem rustikalen Café mit gemütlichen Plätzen in der Sonne hat sich die Mühle gewandelt. Etwa 20 Minuten talaufwärts liegt die Bushaltestelle nahe der Forest Church.

AUSFLUG
Alderney mit dem Fahrrad entdecken – Inselerkundung ohne Eile

Sanfte Strände, alte Forts, Vogelfelsen, ein sympathisches Städtchen, das Meer als Kulisse ... Alderney bietet Abwechslung zwischen Natur und ein wenig Kultur. Die Mischung macht den Reiz, und immer locken zwischen Longis Bay und Braye Harbour stille Buchten.

Charakteristik: Rundtour ab/bis St. Anne **Dauer:** ca. 3 Std. (Fahrzeit) **Länge:** 16 km **Tipp:** E-Bike und Fahrradhelm sind empfehlenswert. Je nach Zeitplan kann das Rad in Braye Harbour bzw. am Flughafen zurückgegeben werden. Mit kleinen Änderungen ist die Tour auch mit dem Auto attraktiv. Wer gut zu Fuß ist, schafft die Inselrunde an einem Tag – auf stillen Straßen und Küstenwegen (Broschüre mit Karte bei Visit Alderney).

ZICKZACK ZUM VOGELFELSEN

Von **St. Anne** rollt man hinunter an die Küste nach **Braye Harbour**. Erstmals weitet sich das Panorama, schweift der Blick über die helle Bucht, die Mole und die Forts im Westen und Osten. Am Ende der Rundfahrt lohnt es sich hier einzukehren.

Zunächst geht es an **Crabby Bay**, **Fort Doyle** und **Platte Saline** vorbei zum mächtigen **Fort Tourgis** (ab 1855). Im Rahmen eines Bürgerprojekts wurde die weitläufige viktorianische Militärbasis von Gestrüpp befreit und zum Freilichtmuseum mit erklärenden Schautafeln umgestaltet. Ein Sträßchen zieht sich am Meer entlang bis zu dem bei Flut überspülten Dammweg nach **Fort Clonque** (1847, Ferienwohnung des Landmark Trust), wo einst 50 Soldaten mit zehn Kanonen Feinde abweh-

Die weiße Peilmarke für die Seefahrt weist auch den Landweg zu Fort Tourgis, dem größten der viktorianischen Forts auf Alderney.

Nur bei Ebbe ist das Inselchen des trutzigen Forts Houmet Herbe trockenen Fußes zu erreichen. Es wirkt mittelalterlich, entstand aber erst Mitte des 19. Jahrhunderts.

ren sollten. In einem deutschen Bunker am Weg verbirgt sich noch einer der ursprünglich elf **Alderney Stones** (→ S. 190).

Konditionsstarke Radler können gleich hinter dem Dammansatz den **Zig Zag Path** in Serpentinen hinauf zur Hochfläche nehmen. Länger, aber weniger anstrengend ist die normale Route: zurück zu Fort Tourgis, an der Gabelung dann rechts bergauf und vorbei am unscheinbaren Dolmen **Roc à L'Epine** (4000 v. Chr., rechts). Auf der Anhöhe geht es immer geradeaus in das Heide- und Moorgebiet **Giffoine** (Wegschleife). Von den Steilfelsen genießt man einen prächtigen Ausblick auf **Les Etacs** (→ S. 189), den sommerlichen Nistplatz von rund 6000 Basstölpelpaaren. Nicht zu übersehen sind die Bunker aus dem Zweiten Weltkrieg. Kreativ wie Alderneys Jugend ist, veranstaltet sie bisweilen spontane *bunker parties*.

STILLE ZEUGNISSE DER GESCHICHTE

Nun geht es auf der gleichen Straße ca. 200 m zurück und dann rechts. Kaum vorstellbar, dass in unmittelbarer Nähe des Flughafens die drei betonrauen Torpfosten an einem Feldweg (links, 100 m) den Eingang zum **Konzentrationslager »Sylt«** bildeten, wo geschätzt 400 Menschen während der Besatzungszeit ihr Leben verloren. Der Fernmeldebunker der Deutschen dient als **Wildlife Bunker** heute friedlichen Zwecken, er wurde zum

Infozentrum für das waldige **Val du Saou Nature Reserve** an den Klippen. Zeit für eine Pause in **St. Anne**, etwa im hübschen Garten des Hotels Blonde Hedgehog oder in der Victoria Street.

Ostwärts geht es über die Longis Road am Golfklub vorbei wieder dem Meer entgegen. Rechter Hand thront **Essex Castle** über den **Hanging Rocks**, die man allerdings erst später zu sehen bekommt. Das auf Geheiß von Henry VIII. ab 1549 erbaute Fort hatte bis 1554 die legendäre Summe von 9210 £ verschlungen. Queen Mary stoppte den Bau. Er verfiel, bis die Furcht vor einer französischen Invasion Queen Victoria bewog, in den 1850er-Jahren hier in einen Wehrbau zu investieren.

The Nunnery (→ S. 190) lädt zu einem kurzen Exkurs in die Römerzeit ein. Bläst im Sommer der Wind aus Nordwest, so drängen die Insulaner an den Sandstrand der **Longis Bay** (Alderney Stone auf der Hafenmauer). Bei Ebbe fällt der Dammweg zum **Fort Île de Raz** (19. Jh.; privat) trocken und eröffnet einen beeindruckenden Blick auf die Hanging Rocks.

BILDERBUCH VIKTORIANISCHER FORTS

Nach weiteren 2 km rückt **Mannez Lighthouse** am Quésnard Point ins Bild. Das gleichnamige Fort ist wie die übrigen an der Nordküste ein Bau des 19. Jh. Kaum eine Insel erreicht eine derartige Dichte an Wehranlagen wie Alderney – 1859 bestückt mit 230 Kanonen. Ufernah radelt man vorbei an **Fort Corblets** (Privatbesitz), entlang der hübschen Corblets Bay und Arch Bay in Sichtweite des ebenfalls bewohnten **Château à L'Etoc** und vorbei am Campingplatz der **Saye Bay**. Mit ihrem feinsandigen Strand ist die Bucht perfekt für ein Picknick.

Besinnlich stimmt der Blick auf den klotzigen deutschen Marinepeilstand **The Odeon** und das **Hammond Memorial** zu Ehren der zu Tode gekommenen Zwangsarbeiter. Kurz danach zweigt rechts eine Stichstraße zur größten Festung der Insel ab: **Fort Albert** (1859). Von oben ist der Blick auf Braye Harbour besonders attraktiv. Die Hauptstraße folgt der lang gestreckten **Braye Bay** zurück zum Hafen. Lassen Sie dort den Tag in einem der Lokale mit Blick auf den Strand ausklingen. Keine zehn Minuten – allerdings bergauf – radelt man zurück nach St. Anne.

Guernseys Little Chapel, die kleinste Kapelle der Welt, ist auch ein unterhaltsames Suchrätsel. Wer findet die Jubiläumsteller von Königin Victoria?

SERVICE

Anreise und Ankunft
Mit dem Flugzeug

Der Flughafen auf Jersey ist ca. 8 km von St. Helier entfernt und verfügt über gute Busanbindungen. Der Airport von Guernsey liegt rund 5 km südwestlich der Hauptstadt St. Peter Port. Alderney besitzt einen Mini-Flughafen.

Mit dem Schiff

Autofähren verkehren zwischen Jersey/Guernsey und Poole bzw. Portsmouth in Südengland sowie nach St-Malo (Bretagne). Während der Saison stehen Personenfähren von den normannischen Häfen Granville und Barneville-Carteret nach Jersey bereit – mit Anschluss nach Sark bzw. Guernsey, ab Diélette nach Alderney.

Auskunft
Visit Jersey

Infobüro im Busbahnhof, St. Helier | Tel. 0 15 34/85 90 00 | www.jersey.com

Visit Guernsey

North Esplanade, St. Peter Port | Tel. 0 14 81/72 35 52 | www.visit guernsey.com

Visit Alderney

61 Victoria Street, St. Anne | Tel. 0 14 81/82 23 33 | www.visit alderney.com

Sark Tourism

The Avenue | Tel. 0 14 81/83 23 45 | www.sark.co.uk

Herm

www.herm.com

Buchtipps

Katharina Geiser: Diese Gezeiten (Jung und Jung, 2011). Ein anspruchsvoller, eng an der Realität orientierter Roman über das Leben und die Widerstandsaktionen der französischen Künstlerinnen Lucy Schwob und Suzanne Malherbe während der deutschen Besatzung in Jersey.

Charlotte Link: Die Rosenzüchterin (blanvalet, 2010). Das Leben auf den Kanalinseln während der deutschen Besatzungszeit verpackt die Autorin auf interessante Weise in ihrem Roman. Auch als Hörbuch und DVD der TV-Verfilmung mit Hannelore Elsner.

Petra Oelker: Das Bild der alten Dame (rororo, 2002). Ihre professionelle Neugier bringt die Journalistin Leo

Peheim nach Jersey. Dort wurde ein Gemälde, 30 Jahre nach seinem Diebstahl, der Besitzerin per Post zugestellt – mit gefälschtem Absender.
Silvia Roth: Blut von deinem Blute (dtv, 2012). Ein Psychokrimi, in dem Karrierefrau Laura Bradley auf ihre Heimatinsel Jersey zurückkehrt, um den brutalen Mord an ihrem Vater und ihrer Stiefmutter aufzudecken.
Mary Ann Shaffer: Deine Juliet (rororo, 2009). Der Briefroman »The Guernsey Literary and Potato Peel Pie Society«, wie der Titel im Original lautet, beleuchtet die Lebensumstände auf Guernsey während der deutschen Besatzung – mit einem Hauch Romantik und englischem Humor. Verfilmt 2018 (DVD) mit Lily James (bekannt aus »Downton Abbey«) als Juliet.
Victor Hugo: Die Arbeiter des Meeres (mare, 2017). Beeindruckende Meeresschilderungen im kraftvollen Porträt des Guernsey-Fischers Gilliat. 1866 erschienen und bereits zu Lebzeiten Hugos ein gefeierter Roman.
John Nettles: Hitlers Inselwahn (Osburg Verlag, 2015). Eine hervorragend recher-

chierte, detaillierte Schilderung der deutschen Besatzungszeit. John Nettles zitiert Zeitzeugen und spart die heiklen Aspekte, wie die Spannungen zwischen den Kanalinseln und der britischen Regierung, den komplexen Fall der Kollaboration oder das Schicksal der Juden und Zwangsarbeiter, nicht aus.

Diplomatische Vertretungen Honorarkonsulate der Bundesrepublik Deutschland

– Kenneth Soar, Les Palmiers, La Rue des Vignes, St. Peter, Jersey JE3 7BE | Tel. 00 44/15 34/28 08 58 | st-helier@hk-diplo.de
– Christopher N. Betley, 55 Bordage, St. Peter Port, Guernsey GY1 1BP | Tel. 00 44/14 81/72 51 15 | st-peter-port@hk-diplo.de

Schweizer Konsulat

Albert Good, c/o Rothschild Bank Switzerland (C.I.) Ltd, St. Julian's Court, St. Julian's Ave., St. Peter Port, Guernsey GY1 3BP | Tel. 00 44/14 81/71 02 67 | stpeterport@honrep.ch

Botschaft der Republik Österreich

18 Belgrave Mews West | London SW1X 8HU | Tel. 00 44/20/73 44 32 50 | visa.london-ob@bmeia.gv.at

Feiertage
An den nationalen Feiertagen sind Behörden, Banken und fast alle Geschäfte geschlossen.

1. Januar Neujahr
Karfreitag
Ostermontag Easter Bank Holiday
1. Montag im Mai May Bank Holiday
9. Mai Liberation Day
Montag Ende Mai Spring Bank Holiday
Letzter Montag im August (Alderney: der erste!) Summer Bank Holiday
25./26. Dezember Weihnachten

Geld
Die Währung auf den Kanalinseln ist das Britische Pfund (£) mit jeweils eigenen Geldscheinen und Münzen der Bailiwicks von Jersey und Guernsey. Die lokalen Währungen werden auf den anderen Inseln angenommen, nicht aber in Großbritannien oder international. Mit dem regulären Pfund Sterling kann jedoch überall auf den Inseln bezahlt werden.
1 £   1,18 €/1,28 SFr
1 €   0,85 £
1 SFr   0,78 £

Links und Apps
www.appetite.je
Die Internetseite für die Gastro-Recherche in Jersey.

www.gov.je/weather/Pages/Jersey-Forecast.aspx
Wetter, Gezeiten, Livekamera, Satellitenbilder etc. für Jersey und Guernsey.

www.jerseyheritage.org,
www.nationaltrust.je,
www.nationaltrust.gg,
www.prehistoricjersey.net
Hervorragende Quellen für gute Hintergrundinformationen zu historischen Stätten.

www.societe-jersiaise.org
Infos der führenden kulturhistorischen Vereine, u. a. mit Veranstaltungshinweisen.

Walking & Cycling Guernsey
Kostenlose App: Karte mit Netz der *ruettes tranquilles* und zwölf Routentipps. Auch öffentl. Toiletten und Fahrradshops sind verzeichnet.

Jersey Taxiapp
Die kostenlose App ermöglicht neben der Anforderung eines Taxis auch das bargeldlose Bezahlen der Taxifahrt. Inklusive Telefonbuch.

SERVICE

Medizinische Versorgung

Der Abschluss einer Auslandsreisekrankenversicherung ist empfohlen. Die medizinische Versorgung auf Jersey, Guernsey und Alderney ist gut. Sark hat einen Allgemeinmediziner, der im Notfall das Ambulanzboot aus Guernsey anfordert.

Krankenhäuser mit Notaufnahmestationen (A&E) befinden sich in St. Helier (General Hospital) und südwestlich von St. Peter Port in St. Andrew (Princess Elizabeth Hospital). Eine kleine A&E-Einheit hat auch das Krankenhaus auf Alderney.

Apotheken *(pharmacy, chemist)* sind Mo–Sa 9–17 bzw. 18 Uhr geöffnet, die Roseville Pharmacy, 7 Roseville St., in St. Helier tgl. 9–21.30 Uhr.

Notruf

Euronotruf Tel. 112 oder 999 (Polizei, Feuerwehr, Ambulanz, Seenotrettung).

Post

Da Jersey und Guernsey eigene Postverwaltungen besitzen, sind nur die inseleigenen Briefmarken gültig. Auf Alderney gelten auch die von Guernsey. Auf Sark und Herm braucht man Guernsey-Briefmarken. *Stamps* sind in Poststellen, mitunter in Souvenirgeschäften erhältlich. Eine Postkarte bzw. ein Brief nach Deutschland, Österreich und in die Schweiz kostet von Jersey und Guernsey 80 p.

Hauptpost Jersey: Broad St., St. Helier; Guernsey: Smith St., St. Peter Port; beide Mo–Fr 8.30–17, Guernsey Sa bis 12, Jersey bis 13 Uhr.

Reisedokumente

Deutsche, Österreicher und Schweizer können mit einem gültigen Reisepass oder Personalausweis (Identitätskarte) einreisen. Kinder benötigen ein eigenes Reisedokument.

Reiseknigge

Trinkgeld Wird auf Rechnungen darauf hingewiesen, dass kein Bedienungsgeld inbegriffen ist *(no service charge included)*, sind 10 % Trinkgeld üblich. In Pubs wird am Tresen kein Trinkgeld erwartet, in Hotelbars nur, wenn am Tisch bedient wird.

Sammeltickets

Der **Guernsey Discovery Pass** kostet für Erwachsene 18 £ (begleitende Kinder inkl.). Er gilt zwölf Monate für Guernsey Museum, Castle Cornet, Fort Grey Shipwreck Museum (10 % Rabatt in Museumsshops), nur für den Pass-Besitzer sind auch das Jersey Museum und Alderney Society Museum inbegriffen.

Der **Jersey Heritage Pass**, gültig für sieben Tage, ermöglicht den Besuch von vier Sehenswürdigkeiten zum Preis von drei (35,35 £). Zur Auswahl stehen Mont Orgueil Castle, Elizabeth Castle, Jersey Museum, Maritime Museum, Hougue Bie und Hamptonne Country Life Museum.

Strom

Die Netzspannung beträgt 240 Volt. Die Steckdosen sind dreipolig, für Euro-Stecker sind Adapter erforderlich.

Telefon
Vorwahlen

D, A, CH ► Guernsey, Alderney, Sark, Herm 00 44/14 81 (von den anderen Kanalinseln: 0 14 81)

D, A, CH ► Jersey 00 44/15 34 (von den anderen Kanalinseln: 0 15 34)

Kanalinseln ► D 00 49

Kanalinseln ► A 00 43

Kanalinseln ► CH 00 41

Verkehr
Auto

Die Mitnahme des eigenen Autos ist problemlos, für Wohnmobile und Wohnwagen muss zuvor eine Erlaubnis eingeholt werden.

Parken

Jersey: Nicht selten benötigt man werktags von 8–17 Uhr eine Parkscheibe oder kostenpflichtige *paycards*, die u. a. in Lebensmittelgeschäften, Tankstellen und Postämtern erhältlich sind. Für manche kostenpflichtigen Plätze ist die Jersey Parking App (PayByPhone) notwendig.

Guernsey: In St. Peter Port sind Parkplätze knapp. In einer *disc zone* brauchen Sie eine Parkscheibe, die in der Touristeninformation erhältlich ist. Außerhalb der Stadt kaum Einschränkungen.

Alderney: In St. Anne Parken Mo–Sa mit Parkscheibe 30 bzw. 60 Minuten kostenlos.

Verkehrsregeln

Auf den Kanalinseln gilt Linksverkehr. Auf gleichberechtigten Straßen bzw. am Kreisverkehr hat Vorfahrt, wer von rechts kommt. Der Hinweis *Filter in turn* bedeutet Einfädeln nach dem Reißverschlussprinzip. Eine gelbe Linie an der Einmündung von Neben- auf Hauptstraßen bedeutet: Halt! Häufig wird man einige Meter vorher durch einen gelben Pfeil darauf aufmerksam gemacht.

Eine gelbe Linie am Straßenrand weist auf ein striktes Halteverbot hin. Außerhalb der ausgewiesenen Parkzonen muss nachts mit Standlicht geparkt werden.

Als Höchstgeschwindigkeiten gelten auf Jersey 40 mph (Meilen pro Stunde) und auf Guernsey sowie Alderney 35 mph; innerorts 30 bzw. 25 mph; auf *green lanes* bzw *ruettes tranquilles* 15 mph.

Die Promillegrenze liegt bei 0,8, Verstöße werden streng bestraft. Verkehrsunfälle müssen auf Jersey immer der Polizei gemeldet werden, auf Guernsey und Alderney dagegen nur bei größeren Schäden oder verletzten Personen.

Mietwagen

Leihwagen gibt es selbst in der Hauptsaison ab 40 £ pro Tag. Der deutsche, österreichische oder Schweizer Führerschein wird anerkannt. Die Kunden müssen mindestens

ein Jahr im Besitz einer Fahrerlaubnis, mindestens 20 oder 21 Jahre und höchstens 70 bis 80 Jahre alt sein (Varianten je nach Mietwagenfirma).

Mopeds und Fahrräder

Mopeds können auf Jersey, Guernsey und Alderney gemietet werden. Für Motorrad- und Mopedfahrer besteht Helmpflicht. Auf Jersey gilt diese auch bei Fahrradfahrern unter 16 Jahren. Abgesehen von Herm gibt es auf allen Inseln Fahrradverleihe.

Öffentliche Verkehrsmittel

Auf Guernsey und Jersey bestehen flächendeckende Busnetze. Fahrplanhefte findet man an den Busbahnhöfen in St. Helier und St. Peter Port bzw. Infos im Internet: www. libertybus.je (Jersey), www. buses.gg (Guernsey).

Die aktuelle Position eines Busses kann in Jersey durch den »bus tracker« lokalisiert

URLAUBSKASSE	
1 Tasse Kaffee	ca. 2,50 £
1 Pint Bier	4,50–5,00 £
1 Glas Cola	ca. 1,80 £
1 Brot	2,00–2,50 £
1 Liter Benzin	1,00 £
Mietwagen/Tag	ab 40,00 £

werden – erhältlich unter https://m.gov.je/Bus/Tracker. Haltestellen sind nur teilweise durch Schilder ausgewiesen, jedoch immer durch das Wort »Bus« auf der Straße gekennzeichnet. Die Busse halten jedoch nicht automatisch, man muss sie mit einem Handzeichen dazu auffordern.

Auf Jersey ermöglicht ein »Unlimited Travel Pass« für 1, 2, 3 oder 7 Tage die uneingeschränkte Nutzung der Busse. Tages- und Einzelfahrkarten (bar 2,30 £, ohne Umsteigen, mit Kreditkarte 2 £) gibt's beim Busfahrer, alle anderen am Busbahnhof in St. Helier. Auf die sogenannten »AvanchiCards« kann man in Jersey einen bestimmten Geldbetrag laden lassen, um immer bargeldlos und zu ermäßigtem Tarif zu fahren.

Auf Guernsey kostet eine Fahrt 1 £. Der »Unlimited Travel Pass« ist für 1, 2 oder 7 Tage zu haben. Auf den »Puffin Pass«, erhältlich am Busbahnhof in St. Peter Port, kann man ebenfalls einen Geldbetrag laden; aufladbar auch online oder in den Bussen. Die Online-Registrierung der Buskarten gewährleistet dabei einen Ersatz bei Verlust.

In Sark pendeln zwei Traktoren mit Anhänger für den Personentransport (1,20 £ pro Fahrt) zu den Fährzeiten vom Hafen ins Dorf und wieder zurück. Ein- und Ausstieg am Bel Air Inn. Auf Herm transportiert ein Traktor oder Elektromobil das Gepäck.

Taxis

Funktaxis stehen auf Jersey, Guernsey und Alderney in großer Zahl zur Verfügung. Das Herbeiwinken an der Straße ist nicht üblich, stattdessen gibt es eine Reihe von ausgewiesenen Taxiständen.

Zeit

Auf den Kanalinseln gilt die Greenwich Mean Time (MEZ –1 Std.) bzw. British Summer Time (BST). Der Zeitunterschied von einer Stunde zum Kontinent bleibt während der Sommerzeit erhalten.

Zoll

Da die Kanalinseln weder zu Großbritannien noch zur Europäischen Union gehören, galten bereits vor dem Brexit die Vorschriften für Nicht-EU-Länder. Nähere Auskünfte unter: www.zoll.de, www.bmf.gv.at/zoll und www.zoll.ch.

MERIAN abo

Abonnieren Sie MERIAN

und erhalten Sie eine Reise durch Deutschland mit 4 Magazinen geschenkt.

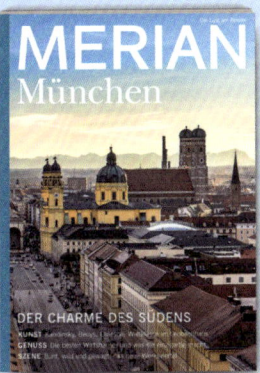

Der Charme des Südens
Weltklasse im Lenbachhaus, die
besten Wirtshäuser und das neue,
wilde und bunte Werksviertel

Neue Helden am Rhein
Wie Star-Dirigent Dirk Kaftan für Klassik
begeistert, sechs Museen auf Weltstadt-
Niveau und Gründergeist in der Südstadt

Tor zur Antike
Römer – ihre Bauten und Schätze,
Ausflüge – Winzer an Saar und Mosel,
plus: Aufruhr um Karl Marx

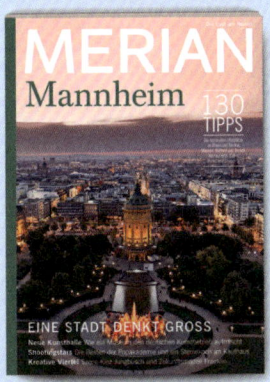

Eine Stadt denkt groß
Die neue Kunsthalle und der Kunstbetrieb,
Shootingstars in der Popakademie
und der Szene-Kiez Jungbusch

4850–2850 v. Chr.

Am Übergang der Jungsteinzeit zur Bronzezeit werden die Jäger- und-Sammlergruppen sesshaft und errichten **Großsteingräber** (Dolmen). → S. 114

Die frühesten Spuren menschlicher Existenz stammen aus der **Altstein- zeit**, als die Kanalinseln noch mit Kontinentaleu- ropa verbunden waren.

Nach dem Ende der letz- ten Eiszeit, der Eisschmel- ze und dem **Anstieg des Meeresspiegels** werden aus Hochplateaus nach und nach die Kanalinseln.

Römische Invasion: Cäsar erobert das kelti- sche Gallien, die Kanal- inseln werden Teil diese römischen Provinz.

250 000 v. Chr.   8000 v. Chr.   58 v. Chr.

555

Piraten erschlagen den belgischen Mönch **Helerius** (Saint Helier), der als Einsiedler in einer Felshöhle in der St. Aubin's Bay lebte und missionierte. → S. 28

1066

Schlacht von Hastings: Der Normannenherzog Guillaume II. erobert England und lässt sich als William I. zu dessen König krönen. Die Kanalinseln werden Teil des Anglo-Normannischen Reichs.

Normannische Herrschaft: Der Wikingerfürst Wilhelm Langschwert (Guillaume I.) gliedert die Kanalinseln seinem Herzogtum Normandie an.

933

König John verliert die Normandie an König Philipp II. von Frankreich, die Seigneurs der Kanalinseln schwören ihm jedoch die Treue.

1204

1339–1468

Kurze Intervalle **französischer Herrschaft** auf Guernsey und Jersey.

RUE DE LA COUR

Um 1470

Teilung der Kanalinseln in die Bailiwicks von Jersey und Guernsey.

Beginn des **Hundertjährigen Krieges** zwischen England und Frankreich. Dicht vor der französischen Küste gelegen, dienen die Kanalinseln als erste Verteidigungslinie.

1337

John Cabot beansprucht **Neufundland** für Henry VII. Kabeljaufang und der Handel begründen den Reichtum zahlreicher Familien aus Jersey und Guernsey. → S. 88

1497

1642–1651

Im **Englischen Bürgerkrieg**
steht Guernsey auf der Seite
des Parlaments, Jersey unterstützt das Königshaus
und gewährt dem künftigen
Charles II. zweimal Exil.

1781

»Battle of Jersey«: Den
Franzosen gelingt die Er-
oberung von St. Helier –
für weniger als einen Tag!

Neubesiedlung von Sark: Elizabeth I.
beauftragt 1564 Helier de Carteret, Seigneur von St. Ouen in Jersey, die Insel von
Schmugglern und Piraten zu befreien.

1565

Victor Hugo im Exil:
Der französische
Dichter lebt drei Jah-
re in Jersey, danach
weitere 15 Jahre auf
Guernsey. → S. 142

1852–1870

1870

Auf Jersey wird
eine **Eisenbahn-
linie** eröffnet.

1935

Der erste **Flughafen** der
Kanalinseln wird auf Alderney eröffnet. Jersey folgt
1937, Guernsey 1939.

Die States Assembly, Jerseys
Parlament, verabschiedet
die »**Franchise Bill**«, das Ge-
setz, das es steuerzahlenden
Frauen über 30 erlaubt, in
Jersey zu wählen.

Die deutsche **Wehrmacht**
besetzt die Inseln. → S. 154

1940

1919

1945

Befreiung der Inseln mit der Kapitulation der deutschen Truppen am 9. Mai. Der Liberation Day wird als Feiertag mit Festivitäten begangen.

Notstand: Nach dem **D-Day** sind die Inseln von der Versorgung vom Festland her abgeschnitten. Das Rot-Kreuz-Schiff »SS Vega« läuft ab Jahresende 1944 mehrfach Guernsey und Jersey an.

1944

Die Freigabe des vorher auf 5 % festgeschriebenen **Bankzinses** beschert den Kanalinseln einen Banken- und Anlageboom.

1962

1993

Besitzerwechsel auf **Brecqhou**: Die Barclay-Brüder kaufen die Sark benachbarte Insel von der englischen Krone.

2020

Die Kanalinseln begehen den **75. Jahrestag** ihrer Befreiung von der deutschen Besatzung virtuell infolge der COVID-19-Ausnahmesituation.

Demokratie für Sark: Die ersten demokratischen Wahlen für das Inselparlament beenden den Feudalismus.

Zwei Metallsucher entdecken den größten **keltischen Münzfund** auf einem Feld in Grouville, Jersey. → S. 16

2008

2012

BILDNACHWEIS

Titelbild (La Corbière Lighthouse, Jersey), Getty Images: Terry Donnelly ARPS
akg-images: 219, Heritage-Images/The Print Collector 142, Sammlung Berliner Verlag/Archiv 154 | Alamy: Chris Howes/Wild Places Photography 55 | Alamy Stock Photo: Alderneyman 204, dbphots 32, imageimage 29, Joana Kruse 92, parkerphotography 149, Tim Graham 11, 126, Tracey Whitefoot 203 | AWL Images: Alan Copson 86, 98, Travel Pix Collection 76 | Bildagentur Huber: Fantuz Olimpio 63 | bpk: National Portrait Gallery, London/Lafayette 71 | Château La Chaire 125 | Corbis: Jeremy Horner 58 | Fotolia: barbulat 216 | gemeinfrei 18, 217, 222 li., 222 re., Umschlagklappe | Getty Images: Allard Schager 191, DEA/Biblioteca Ambrosiana, Collection: De Agostini 114, Gareth Davies 150, Guy Edwardes, Collection: Robert Harding 6/7, Neil Howard, Collection: Stone RF/David Clapp 30 | Huber Images: Gianluca Santoni 140, Justin Foulkes 97, Reinhard Schmid 3, 13, 27, 37, 41, 42, 72, 75, 120, 146, 173, 179, 200, Richard Taylor 110, Robert Birkby 163 | imago: 23, 118, Nature in Stock 194/195 | imago stock & people 104 | Jersey Heritage 95 | Jersey Seafaris Ltd 196 | laif: Camille Moirenc/ hemis.fr 181, Christophe Boisvieux 176, Elke Bock 60/61, Richard Manin/hemis.fr 79 | look-foto 5 o., 24, 175 | mauritius images: 153, AGE 4, 17, 135, Alamy 80, 91, Britpix/Alamy 66, Chris Howes/Wild Places Photography/ Alamy 108, Doug Houghton/Alamy 199, Gordon Shoosmith/Alamy 101, James kerr/Alamy 38, John Warburton-Lee 218 li., Malcolm Park editorial/Alamy 35, Memento 89, MJM/Alamy 131, Paul Mariess/Alamy 159, Robin Weaver/Alamy 107, 123, 132, Steve Vidler/Alamy 69, Tim Graham/Alamy 117, True Images/Alamy 84 | picture alliance: imageBROKER 170, Rainer Oettel 113 | Plainpicture 103 | Shutterstock.com: 218 re., Allard One 9, 166, Arndale 206/207, Blue Planet Studio 188, Chris Lawrence Travel 221, Christopher Godfrey 192, DorSteffen 219, Oxik 224, P. Nadolski 52, Ruben M Ramos 138 | Sophie Rabey at the Guernsey Press 51 | ullstein bild: Atlantic-Press 220, Specialist Stock/Sue Daly 45 | Trudie Hairon-Trox 5 u., 21 | Visit Alderney 185

Liebe Leserin, lieber Leser,

wir freuen uns, dass Sie sich für diesen MERIAN Reiseführer entschieden haben. Unsere Autoren und Autorinnen sind für Sie unterwegs und recherchieren sehr gründlich, damit Sie mit aktuellen und zuverlässigen Informationen auf Reisen gehen können. Dennoch lassen sich Fehler nie ganz ausschließen, zumal zum Zeitpunkt der Drucklegung die Auswirkungen von Covid-19 auf das Hotel- und Gastgewerbe vor Ort noch nicht vollständig abzusehen waren. Wir bitten um Verständnis dafür, dass der Verlag keine Haftung übernehmen kann.

Ihre Meinung ist uns wichtig. Bitte schreiben Sie uns:
GRÄFE UND UNZER VERLAG
Postfach 86 03 66, 81630 München, www.merian.de

Leserservice
merian@graefe-und-unzer.de

PEFC/18-31-506

© 2021 GRÄFE UND UNZER VERLAG GmbH, München
MERIAN ist eine eingetragene Marke der GANSKE VERLAGSGRUPPE.

1. Auflage 2021

Alle Rechte vorbehalten. Nachdruck, auch auszugsweise, sowie die Verbreitung durch Film, Funk, Fernsehen und Internet, durch fotomechanische Wiedergabe, Tonträger und Datenverarbeitungssysteme jeglicher Art nur mit schriftlicher Genehmigung des Verlages.
Bei Interesse an maßgeschneiderten B2B-Editionen:
roswitha.riedel@graefe-und-unzer.de
Bei Interesse an Anzeigen:
KV Kommunalverlag GmbH & Co. KG
Tel. 0 89/9 28 09 60
info@kommunal-verlag.de

Verlagsleitung Reise: Philip Laubach
Verlagsredaktion: Stella Schossow
Autorin: Trudie Hairon-Trox
Satz und Redaktion: Ewald Tange, tangemedia, München
Bildredaktion: Dr. Nafsika Mylona
Schlussredaktion: Andrea Lazarovici
Reihengestaltung: Independent Medien Design, Horst Moser, München
Karten: Huber Kartographie GmbH für Gräfe und Unzer Verlag GmbH
Herstellung: Renate Hutt
Druck und Bindung: Printer Trento, Italien

GRÄFE UND UNZER

Ein Unternehmen der
GANSKE VERLAGSGRUPPE

DIE KANALINSELN EN DETAIL

Ihre Blüten zieren Souvenirs in bunter Vielfalt sowie Tausende Päckchen der begehrten Zwiebeln auf dem Markt in St. Helier und in Gartenzentren: die **Jersey Lily**, botanisch *Amaryllis belladonna*. Beheimatet in Südafrika, hat sie im milden Klima der Kanalinseln seit Mitte des 18. Jh. Gärten und sogar Wegränder erobert. Ein Quirl rosafarbener Blütenglocken entfaltet sich ab August am oberen Ende eines nackten Stiels – zauberhafte Farbtupfer in der Herbstsonne. Die Jersey Lily ist keineswegs auf Jersey beschränkt. Die Nachbarinsel jedoch hat mit der **Guernsey Lily** *(Nerine sarniensis)* ihr eigenes Amaryllisgewächs, niedriger, filigraner, beinahe spinnenhaft die Blüten in vielen Rosanuancen. Und J. E. Millais porträtierte Lillie Langtry mit einer Guernseylilie, zu sehen im Jersey Museum in St. Helier.

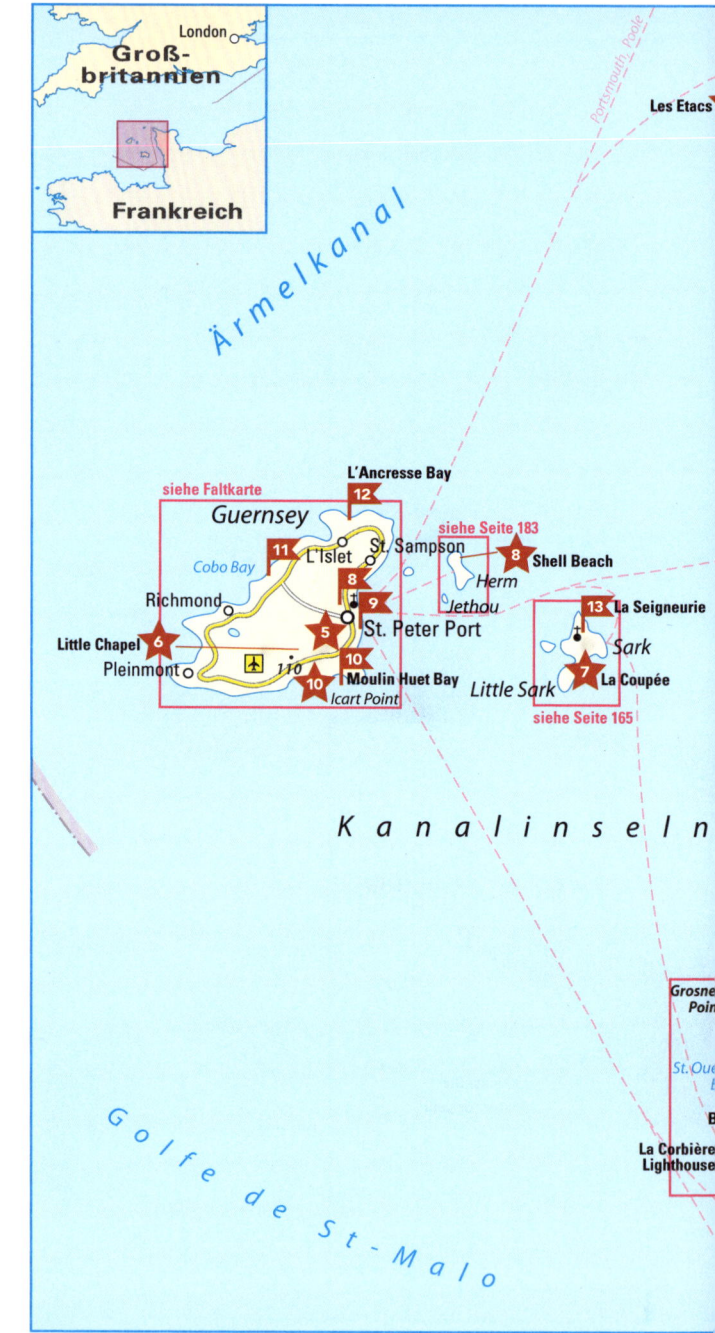

London
Groß-britannien

Frankreich

Les Etacs

Portsmouth/Poole

Ä r m e l k a n a l

siehe Faltkarte

L'Ancresse Bay
12

Guernsey

Cobo Bay

11
L'Islet
St. Sampson

siehe Seite 183

8 Shell Beach

Herm

Richmond

8

9
St. Peter Port

Jethou

13 La Seigneurie

Little Chapel **6**

5

Sark

Pleinmont

10

7 La Coupée

10 Moulin Huet Bay
Little Sark

Icart Point

siehe Seite 165

K a n a l i n s e l n

Grosne Poin

St. Oue

B

La Corbière Lighthouse

G o l f e   d e   S t - M a l o